新完全マスター語彙

日本語能力試験 N4

三好裕子・本田ゆかり・伊能裕晃・来栖里美・前坊香菜子 著

スリーエーネットワーク

Published by 3A Corporation.
Trusty Kojimachi Bldg., 2F, 4, Kojimachi 3-Chome, Chiyoda-ku, Tokyo 102-0083, Japan

ISBN978-4-88319-848-1 C0081

First published 2020
Printed in Japan

はじめに

　日本語能力試験は、1984年に始まった、日本語を母語としない人の日本語能力を測定し認定する試験です。受験者が年々増加し、現在では世界でも大規模の外国語の試験の一つとなっています。試験開始から20年以上経過する間に、学習者が多様化し、日本語学習の目的も変化してきました。そのため、2010年に新しい「日本語能力試験」として内容が大きく変わりました。新しい試験では知識だけでなく、実際に運用できる日本語能力が問われます。

　本書はこの試験のN4レベルの問題集として作成されたものです。

　新しい「日本語能力試験」では、語彙に関して、まず、以下の3点が、今までの試験と大きく変わりました。

　①試験の出題範囲となる語が約10,000語から約15,000語に増えた。

　②どの語が試験に出題されるかを示す語彙リストが非公開となった。

　③日本語を学ぶ人が、どのような状況（目標言語使用領域）で、何のために（課題）、日本語を使うかという観点から、試験に出題される語彙の選び直しが行なわれた。

　そして、このような変化に対応できるよう、本書は、以下のような特徴を持っています。

■本書の特徴

　①日本語能力試験の語彙選出過程で使用された資料と同様の資料を使用し、同様の手続きを踏んで、語彙（全684語）を選出したため、試験で出題される可能性の高い語を学ぶことができる。

　②インターネット上の大規模言語データベース（コーパス）を用い、実際の使用頻度が高く、かつ、このレベルに合った語を掲載しているので、学習の必要性の高い語が学べる。

　③学習の負担を軽減するため、例文や練習問題の文中に使用する語は、基本的にN5レベルの語と本書の前ページまでに導入されている語を使用した。また、できる限り平易な文型を用い、未知の文法項目があることが理解の妨げとならないよう配慮した。

　④掲載語の全てについて、練習問題で取り上げており、それにより、意味や使い方を確認することができるようにした。また、実際の試験問題と同様の形式の練習問題を多く掲載し、問題の形式に慣れるとともに、学習のポイントが理解できるようにした。

　⑤上のレベルへ進むための足掛かりになるよう、N3レベルの語や副詞などやや難易度の高い語を学ぶ章を設けた。

　本書は、学びやすく、かつ、役に立つ問題集になっていると自負しています。ぜひ手に取って、日本語の語彙を増やし、日本語のレベルを上げるために、使っていただければ、と思います。

著者

目次 Contents　Mục lục

実力養成編　Skills development　Phát triển năng lực

第1部　基本のことばを覚えよう

Part 1 Learning basic vocabulary

Phần 1 Hãy nhớ những từ vựng cơ bản

コラム1 うしろにつくことば 104

Column 1 Suffixes

Cột 1 Những từ vựng thêm phía sau

第2部 難しいことばにチャレンジしよう

Part 2 Tackling difficult words

Phần 2 Hãy thử với những từ vựng nâng cao

コラム2 ペアで覚える自動詞・他動詞 ... 117

Column 2 Transitive and intransitive verbs

Cột 2 Nhớ theo cặp trợ động từ, tha động từ

別 冊 解答

Separate volume for answers Phụ lục đáp án

本書をお使いになる方へ

■本書の目的

この本の目的は二つです。

①日本語能力試験N4の試験に合格できるようにします。

②試験対策だけでなく、全般的な「語彙」の勉強ができます。

■日本語能力試験N4語彙問題とは

日本語能力試験N4は、「言語知識(文字・語彙)」(試験時間30分)、「言語知識(文法)・読解」(試験時間60分)と「聴解(試験時間35分)の三つに分かれています。語彙問題は、「言語知識(文字・語彙)」の一部です。

語彙問題は3種類あります。

1　文脈規定　　　　前後の内容から(　)に入ることばを選ぶ問題
2　言い換え類義　出題されたことばと似ている意味のことばを選ぶ問題
3　用法　　　　　ことばの意味を正しく使っている文を選ぶ問題

■本書の構成

この本は、以下のような構成です。

実力養成編	第1部	基本のことばを覚えよう	46課
		まとめの問題	5回(7～10課ごと)
	第2部	難しいことばにチャレンジしよう	4課
		まとめの問題	1回
	コラム	2回	
模擬試験	1回		

索引　ふりがなつき、五十音順

別冊解答

詳しい説明をします。

第1部　基本のことばを覚えよう

一つの課は2ページで、話題別にN4レベルのことばを、1課につき10～15語ずつ学習していくようになっています。最初にその課で学習することばのリストがあり、その後に練習問題(かくにんの問題とじっせんの問題)があります。

○ ことばのリスト

・ことばの右に意味(訳語)と例文が載っています。訳語だけでなく、必ず例文も見て、意味を確認しましょう。複数の意味がある場合は、ぜひ覚えてほしい意味を取り上げて紹介してあります。

・「する」をつけることができることばには、「勉強(する)」のように、「する」を、な形容詞として使うことができることばには、「便利(な)」のように、「な」をつけました。また、動詞には、活用のグループ(Ⅰ、Ⅱ、Ⅲ)の情報をつけました。このような情報は、特にことばを使うとき必要ですから、よく確認してください。

・例文はそのことばの使い方の例になっています。そのことばの前や後ろにどんなことばが使われているかに注意して覚えましょう。

    例)1課　熱　　　　例文:風邪で、熱があります。　→　「熱がある」を覚える。

    　　　手伝う　　　例文:父の仕事を手伝いました。　→　「仕事を手伝う」を覚える。

・動詞の場合は、特に、助詞に気をつけてください。

    例)3課　泊まる　　例文:ホテルに泊まります。

    　　　止める　　　例文:タクシーを止めます。

・見出しのことばに関係があって、一緒に覚えるといいことばを、★をつけて紹介しました。

○ かくにん の問題

・かくにん ❶(ことばのリストの下の問題)は、リストのことばの意味を確認する問題です。文の( )に入れるのにいちばん適したことばを、リストの中から選んで、入れてください。次の右ページの問題に進む前に、リストとこの問題で、ことばとその意味をしっかりと覚えるようにしましょう。

・かくにん ❷(課によっては❸も)は、ことばの意味や使い方についての、いろいろな問題が入っています。

    例)カタカナ語など、正確な音を覚えるのが難しいことばを確認する問題

    　　助詞や、そのことばと一緒に使うことばを確認する問題

この問題をするときは、リストのことばを写すのではなく、できるだけことばのリストは見ないでやってみるようにしましょう。

○ じっせん の問題

・実際の試験と同じ形式の問題です。試験で出題される可能性が高いと思われるポイントを考えて、問題を作りました。問題を解いた後に必ず答えを確認して、間違えた場合は、どうしてその答えになるのかを考えるようにしましょう。

・実際の試験問題に合わせて、N5レベルの簡単な漢字には、読み方をつけていません。読めない漢字があったら、必ず調べて、読めるようにしましょう。

第2部　難しいことばにチャレンジしよう

「敬語」「副詞」「N3へのステップ」というテーマで、やや難しいことばを集めました。最後の「N3へのステップ」には、N3レベルのことばが入っています。N4の試験には出ないかもしれませんが、生活やこれからの日本語学習の役に立つ、ぜひ覚えてほしいことばです。上のレベルへ進むために、チャレンジしてみてください。

第2部のそれぞれの課の構成は、第1部と同様です。

まとめの問題

復習のための「まとめの問題」が計6回あります。

復習と力試しを兼ねて、問題をやってみましょう。

コラム

「コラム1」では、「うしろにつくことば」として、「〜センチ」「〜軒」「〜側」など、他のことばの後ろについて一つのことばを作るものを集めました。どれもこのレベルで覚えておいてほしいことばです。

「コラム2」は、N4レベルまでの動詞の、自動詞と他動詞のペアを載せました。この本で覚えた動詞の整理にもなると思います。

模擬試験

本当の試験と同じ形の模擬試験が1回分ついています。

この問題で自分の力を確認して、試験を受ける準備をしましょう。

索引

この本で勉強する、全部のことばのリストです。

別冊解答

問題を解いた後、必ず答えを確認するようにしましょう。

■表記

(じっせん)の問題と「まとめの問題」「模擬試験」は、N5レベルの漢字を使用しています。実際の試験と同じように、読み方はつけていません。その他の部分は、漢字にはすべてひらがなで読み方がついています。

■学習時間

<一人で勉強する場合>

まず、ことばのリストを見て、ことばと意味を覚えましょう。例文で、ことばの意味と使い方を確認してください。リストの下の問題((かくにん) **1**) を解きながら、意味を確認してください。ここまでで10〜15分ぐらいかかると思います。その後、右のページの問題をやってください。問題を解いた後、答え合わせをしてください。間違った問題はリストを見て覚え直しましょう。また、ことばの使い方の問題については、答えの理由(どうしてその使い方が正しく、ほかは間違いなのか)を考えるようにしましょう。右のページをするのに15〜20分ぐらいかかると思います。

※ことばは、一度覚えても、すぐに忘れてしまうものです。一度問題をやっただけで安心しないで、繰り返し復習して、しっかりと覚えるようにしましょう。

<教室での利用について―指導にあたる方へ>

N4レベルの語は、初級の教科書に掲載されているものが多いので、教科書ですでに学習した語も少なくないと思います。どれが既習で、どれが未習の語かを確認しながら進めてください。既習なのに忘れている語があるときは、どこで学習したかを思い出させるようにするとよいでしょう。

副詞や動詞など、意味や使い方の難しい語は、学生の理解度に応じて例文を補ってください。また、特に正しい使い方を選ぶ問題については、答えの理由を考えさせ、説明するようにしてください。

このレベルで最低限覚えてほしい意味に絞って載せていますので、学生の状況によって意味や使い方を広げて指導したほうがよい場合もあるかもしれません。学生の状況に応じて、対応していただければと思います。

本書は、既習の語が少なくない状況での使用を想定しています。一度学習した語を思い出させ、その語の意味や使い方を確認する。そして、少しずつ新しい語を導入していく、という使い方が理想的だと思います。

未習の語が多い場合や忘れている語が多い場合は、1課に30分以上かかるかもしれません。そのようなときは、ことばのリストを覚える部分や、問題の一部、あるいは全部を宿題にして、教室では必要に応じて説明を加え、問題の答えとその理由を確認するという使い方をすれば、一つの課を10〜20分程度の短時間で行うこともできるでしょう。

How to use this book

■ Purpose of this book

This book has two purposes:

① To help you pass the Japanese Language Proficiency Test for N4 examination.

② To help you study vocabulary generally, not just the words you need to pass examinations.

■ What vocabulary questions are asked in the Japanese Language Proficiency Test for N4 examination?

The examination is divided into three parts: Language Knowledge (Characters and Vocabulary) (30 minutes); Language Knowledge (Grammar) and Reading (60 minutes); and Listening Comprehension (35 minutes). Vocabulary-related questions are in the Language Knowledge (Characters and Vocabulary) part of the examination.

There are three types of N4-level vocabulary question:

1 Contextually-defined expressions

You are required to choose words for insertion into brackets (　) based on what comes before and after.

2 Paraphrases

You are required to choose words close in meaning to the featured words.

3 Usage

You are required to choose sentences in which words are correctly used.

■ How this book is structured

The book comprises the following parts:

Skills development	Part 1	Learning basic vocabulary	46 sections
		Summary questions	5 units (every 7 to 10 sections)
	Part 2	Tackling difficult words	4 sections
		Summary questions	1 unit
	Column	2 units	
Mock examination	1 unit		

Index:　In syllabic order, with kana readings provided

Separate volume for answers

Here is a more detailed explanation:

Part 1　Learning basic vocabulary

Each section has two pages and covers the study of 10-15 N4-level words, all of which are studied by topic. First, there is a list of the words to be studied in the section, followed by exercises (（かくにん）["Confirmation"] questions and （じっせん）["Practice"] questions).

○ Word list

・To the right is the meaning of the word (translation) together with example sentences. Be sure to look at the example sentence as well as the translation to confirm the meaning. If the word has more than one meaning, the meaning that you should remember is introduced.

・Words that can have する attached to them are shown with する as follows: 「勉強(する)」; and words that can be used as な-adjectives are shown with な attached as follows: 「便利(な)」. With verbs, information on the verb conjugation group (I, II or III) is provided. Such information is needed, especially when using the words, so please be sure to confirm the usage.

・The example sentence is an example of how to use the word. Take note and remember what kind of word is used before and after the word.

> Example)　Section 1　熱　　example sentence: 風邪で、熱があります。
> 　　　　　　　　　　　→　remember「熱がある」.
> 　　　　　　手伝う　example sentence: 父の仕事を手伝いました。
> 　　　　　　　　　　　→　remember「仕事を手伝う」.

・In the case of verbs, in particular, pay attention to particles.

> Example)　Section 3　泊まる　example sentence: ホテルに泊まります。
> 　　　　　　止める　example sentence: タクシーを止めます。

・A word that is connected with the entry word and should be learnt along with it is marked with a ⭐.

○ （かくにん）questions

・（かくにん）**1** (questions below the word list) is to confirm your comprehension of the meaning of the words on the list. From the list, choose the most appropriate word to put into the bracket (　) in the sentences. Before going on to the questions on the next page, be sure to memorize the meaning of each word via the entries on the list and the questions.

・（かくにん）**2** (depending on the section, also **3**) comprises various questions about the usage and meaning of each word.

> Example:　Questions confirming you have memorized correctly the pronunciation of words whose sounds are difficult to remember, such as katakana words.
> 　　　　　Questions confirming you understand the use of particles or colocation of words.

When doing these questions, rather than simply copying from the list, try as much as possible to do them without referring to the list.

○ (じっせん) questions

· These are questions in the same format as the examination. They have been formulated taking into consideration the points most likely to come up in the actual examination. Be sure to check the answers after you have answered the questions, and if any are incorrect, try to think about why the correct answer is different.

· With regard to the actual examination questions, there is no reading provided for simple N5 level kanji. If there are any kanji you cannot read, be sure to look them up and learn how to read them.

Part 2   Tackling difficult words

Here we have collected together difficult words under the themes of Honorifics, Adverbs, and Stepping Up to the N3 Level. The last of these, Stepping Up to the N3 Level., contains N3 level words. These will probably not come up in the N4 examination, but you should learn these as they will be useful for your Japanese language studies and life in Japan. Challenge yourself to advance to the next level.

The structure of each section in Part 2 is the same as in Part 1.

Summary questions

For review purposes, there are a total of six summary questions.

Do these to review and to test your abilities.

Column

Column 1 is a collection of suffixes such as ～センチ, ～軒, ～側, etc., which are attached to a word to make a new word. You should memorize all of these words at this level.

Column 2 is a list of transitive and intransitive pairs of verbs that are required up to the N4 level. We think this will help you to organize in your mind the verbs you have learnt in this book.

Mock examination

There is one practice examination in the exact same format as the real examination.

Use the examination to check your own ability and to prepare for the examination.

Index

Here you will find a list of all the words you will study in this book.

Separate volume for answers

After answering questions, be sure to check the answers.

■ Inscription

The ⟨じっせん⟩ questions, Summary questions, and Mock examination all use N5 level kanji. As with the actual examination, readings of the kanji are not provided. In other parts of the book, hiragana readings are provided for all kanji.

■ Study timeframes

＜For those studying individually＞

First of all, look at the word list and memorize all the words on the page. Confirm their meaning and usage by looking at the example sentences. Then confirm the meaning again as you answer the ⟨かくにん⟩ **1** questions below the list. This should take between 10-15 minutes. After that, do the questions on the right-hand side page. Compare your answers with the answers provided. For any incorrect answers, go back to the list and study the word again. Also, when it comes to language-usage questions, think about the reasons for the answer (e.g.: Why is this usage correct? Why is that usage incorrect?). It should take about 15-20 minutes to do the work on the right-hand side page.

※If you only study a word once, you will soon forget it. Don't be concerned that you have already done the question for a word; review it repeatedly to clearly get it fixed in your mind.

＜In the case of using in class – To the teachers＞

Many N4 level words can be found in elementary textbooks, so the learners have probably already studied many of them in a textbook. Please proceed while checking which words they have and haven't studied. If there are any words that they have already studied but forgotten, try to have them remember where they studied them.

For words that are difficult to understand or use, such as adverbs and verbs, supplement the example sentences according to the learners' understanding. Also, particularly in questions where the correct word must be selected, ask them to think about and explain the reason for the answer.

The vocabulary is focused on the minimum amount of meanings the learners need to remember at this level, so depending on the learners, it may be better to teach the meaning and usage of words in more depth. We hope you can adjust your teaching to the learners' situation.

This book is intended for use in situations where the learners have already learnt many words. Have the learners remember any words they have already studied, and confirm they understand these words' meaning and usage. Then, ideally, introduce new words little by little.

If the learners don't know or have forgotten many words, one section may take more than 30 minutes. In this case, it might be better to have learners memorize the word list and do some or all of the questions as homework, and then in the classroom add explanations as needed, check the answers to the questions, and confirm the reasons for the answers. If done in this way, one lesson could take as little as 10 or 20 minutes.

Hướng dẫn sử dụng sách

■ Mục đích của cuốn sách

Cuốn sách này có 2 mục đích:

① Giúp các bạn đọc có thể đỗ kỳ thi năng lực tiếng Nhật cấp độ N4.

② Không chỉ đáp ứng riêng cho Kỳ thi Năng lực tiếng Nhật, cuốn sách còn trang bị cho người học một vốn từ vựng nói chung.

■ Phần thi từ vựng của Kỳ thi Năng lực tiếng Nhật cấp độ N4

Đề thi Năng lực tiếng Nhật N4 bao gồm 3 phần chính: Kiến thức ngôn ngữ (chữ và từ vựng) (thời gian 30 phút), Kiến thức ngôn ngữ (ngữ pháp) và Đọc hiểu (thời gian 60 phút), Nghe hiểu (thời gian 35 phút). Phần thi từ vựng là 1 phần của kiến thức ngôn ngữ gồm chữ và từ vựng.

Có 3 dạng bài từ vựng.

1   Điền từ theo mạch văn: dạng bài lựa chọn từ vựng điền vào ngoặc (   ) dựa vào nội dung đứng trước và sau đó.

2   Thay đổi cách nói: dạng bài lựa chọn từ vựng có nghĩa giống với từ đã được đưa ra.

3   Ứng dụng: dạng bài lựa chọn câu mà nghĩa của từ được sử dụng đúng.

■ Bố cục của cuốn sách

Cuốn sách có bố cục như sau.

Phát triển năng lực	Phần 1	Hãy nhớ những từ vựng cơ bản	46 bài
		Bài tập tổng hợp	5 đề (7~10 bài)
	Phần 2	Hãy thử với những từ vựng nâng cao	4 bài
		Bài tập tổng hợp	1 đề
	Cột	2 cột	
Đề thi thử	1 đề		

Bảng tra từ   Có phiên âm cách đọc và bảng chữ cái tiếng Nhật

Phụ lục đáp án

Giải thích cụ thể.

Phần 1   Hãy nhớ những từ vựng cơ bản

Mỗi bài 2 trang, bao gồm 10 đến 15 từ để có thể học từ vựng N4 theo nhiều chủ đề khác nhau. Ở trang đầu tiên sẽ có danh sách các từ vựng để học, sau đây là câu hỏi ôn tập (gồm câu hỏi về かくにん và câu hỏi về じっせん).

○ Danh sách các từ vựng

· Ở bên phải từ vựng có nghĩa (đã dịch) và ví dụ được viết sẵn. Không nên chỉ xem nghĩa của từ vựng mà phải cùng kiểm tra ý nghĩa của ví dụ. Trường hợp 1 từ có nhiều nghĩa, thì chúng tôi sẽ chọn ra ý nghĩa phù hợp để giới thiệu đến các bạn.

· Những từ vựng thêm được đuôi「する」, ví dụ「勉強（する）」, thì sẽ thêm「する」ở phía sau, những từ vựng có thể dùng như tính từ đuôi「な」, ví dụ「便利（な）」, thì sẽ thêm「な」ở phía sau. Ngoài ra, những động từ thuộc nhóm（I, II, III）cũng được phân loại sẵn và ghi ở phía sau. Những thông tin như thế này sẽ cần thiết khi sử dụng từ vựng, nên hãy kiểm tra thật kĩ.

· Câu ví dụ là những ví dụ về cách sử dụng từ vựng đó. Hãy cùng nhớ và chú ý xem trước và sau từ vựng đó thì có những từ như thế nào được sử dụng.

    Ví dụ: Bài 1 熱   Câu ví dụ: 風邪で、熱があります。 → Hãy nhớ「熱がある」.

             手伝う Câu ví dụ: 父の仕事を手伝いました。 → Hãy nhớ「仕事を手伝う」.

· Trường hợp động từ, đặc biệt chú ý đến trợ từ.

    Ví dụ: Bài 3 泊まる Câu ví dụ: ホテルに泊まります。

             止める Câu ví dụ: タクシーを止めます。

· Những từ vựng có liên quan được ghi trong tiêu đề và những từ vựng nên được ghi nhớ cùng nhau thì được gắn ✪.

○ Câu hỏi về かくにん

· かくにん 1 (Câu hỏi nằm dưới danh sách từ vựng) là câu hỏi để kiểm tra lại ý nghĩa của từ vựng trong danh sách đó. Lựa chọn những từ vựng có trong danh sách, những từ vựng thích hợp nhất để điền vào (   ) trong câu văn. Trước khi sang trang tiếp theo bên phải, hãy ghi nhớ những từ vựng và những câu hỏi có trong danh sách.

· かくにん 2 (Dựa theo từng bài 3) mà sẽ có nhiều dạng câu hỏi về cách sử dụng và nghĩa của từ.

    Ví dụ: Câu hỏi để kiểm tra từ vựng mà có âm đọc khó nhớ, như những từ Katakana.

          Bài tập xác nhận từ vựng được dùng cùng nhau và trợ từ để hiểu rõ cách dùng từ vựng.

Khi làm những câu hỏi này, cố gắng làm mà không nhìn những từ vựng hoặc đối chiếu những từ vựng có trong danh sách.

○ Câu hỏi về じっせん

· Là câu hỏi có hình thức giống với khi đi thi. Những câu hỏi này được chúng tôi soạn thảo, tìm hiểu và đây là những câu hỏi có khả năng cao ra trong đề thi. Khi trả lời câu hỏi xong phải kiểm tra đáp án, nếu có câu sai hãy cố gắng suy nghĩ và xem lại tại sao lại sai.

· Những chữ hán tự đơn giản trình độ N5 được đan xen trong những câu hỏi bài thi thực tế, vì thế không chú thích cách đọc, nếu có chữ hán không đọc được hãy cố gắng tra và học thuộc.

Phần 2   Hãy thử với những từ vựng nâng cao

Có tiêu đề「Kính ngữ」「Phó từ」「Cấp độ N3」là phần bao gồm những từ vựng nâng cao. Phần cuối「Cấp độ N3」có nghĩa là đã vào cấp độ N3. Có khả năng sẽ không ra trong bài thi N4, nhưng sẽ có ích cho cuộc sống sinh hoạt tại Nhật và việc học tiếng Nhật nên chúng tôi mong muốn các bạn nhớ những từ vựng này. Để tiếp tục học lên một trình độ cao hơn nên hãy cùng thử sức nhé.

Bố cục các bài trong phần 2 sẽ giống như phần 1.

Bài tập tổng hợp

Để ôn tập thì phần câu hỏi tổng hợp có 6 bài.

Hãy làm những câu hỏi để ôn tập và thử sức nhé.

Cột

Ở cột 1, được xem như là những từ thêm ở phía sau ví dụ「〜センチ」「〜軒」「〜側」…, là tập hợp những từ mà gắn phía sau những từ khác sẽ tạo nên một từ. Những từ mà chúng tôi muốn các bạn ghi nhớ ở cấp độ này.

Ở cột 2, là những động từ đi theo cặp Tự động từ và Tha động từ ở cấp độ N4. Sẽ cần thiết trong việc sắp xếp các động từ đã học ở cuốn sách này.

Đề thi thử

Là đề thi có hình thức giống hoàn toàn với khi thi thật, đề thi này có 1 đề.

Hãy kiểm tra năng lực của bản thân bằng đề thi này sau đó chuẩn bị cho kì thi nhé.

Bảng tra từ

Là tất cả danh sách từ vựng có trong cuốn sách này.

Phụ lục đáp án

Sau khi làm xong những câu hỏi, hãy kiểm tra lại bằng đáp án.

■ Biểu thị

Những câu hỏi về（じっせん）, bài tập tổng hợp và đề thi thử là những câu hỏi sử dụng chữ hán cấp độ N5 và giống như trong bài thi thật, sẽ không có phiên âm. Ở những phần khác, tất cả chữ hán sẽ có phiên âm hiragana.

■ Thời gian học tập

<Dành cho những bạn tự học>

Trước tiên hãy nhìn những từ vựng trong danh sách và nhớ ý nghĩa. Ở câu ví dụ, kiểm tra cách dung và ý nghĩa của từ. Hãy vừa làm những câu hỏi (かくにん 1) phía dưới danh sách và vừa kiểm tra ý nghĩa của nó. Để làm phần này thì tốn khoảng 10 đến 15 phút. Sau đó, hãy làm phần bài tập ở trang bên phải. Sau khi làm xong kiểm tra lại đáp án. Những bài tập sai thì xem lại danh sách từ vựng, sửa lại và ghi nhớ. Với những câu hỏi về cách sử dụng từ, cố gắng suy nghĩ tại sao lại là đáp án này (tại sao cách dùng từ này là đúng, cách khác là sai). Để làm trang bên phải này thì tốn khoảng 15 đến 20 phút.

※Từ vựng nếu nhớ một lần thì lần sau sẽ nhanh chóng quên. Nên đừng an tâm khi làm xong bài tập một lần mà hãy cố gắng ôn tập làm lại nhiều lần.

<Dành cho những người sử dụng sách này để dạy học>

Những từ vựng cấp độ N4 được viết rất nhiều trong sách giáo khoa sơ cấp, vì thế không thể tránh khỏi việc gặp phải những từ đã học rồi. Hãy kiểm tra xem từ vựng nào đã học và từ vựng nào chưa học. Trường hợp đã học rồi mà quên mất từ vựng thì hãy cố gắng nhớ lại xem đã học ở trang nào.

Phó từ và động từ, những từ có ý nghĩa và cách dùng khó, thì nên chuẩn bị những câu ví dụ phù hợp với trình độ của học sinh. Đặc biệt, đối với những câu hỏi về cách sử dụng từ đúng, nên cho học sinh suy nghĩ lí do chọn đáp án và cho giải thích.

Những từ vựng ở cấp độ này đều là những từ bắt buộc phải nhớ. Vì thế dựa vào lực học của học sinh mà có thể giải thích thêm những trường hợp khác. Dựa vào lực học của từng học sinh để đưa ra biện pháp dạy phù hợp.

Cuốn sách này dự tính được sử dụng cả trong tình trạng không ít những từ đã học. Nhớ lại những từ đã học qua và kiểm tra ý nghĩa và cách dùng của từ đó. Tiếp theo là học những từ mới từng chút một, cách sử dụng này chúng tôi coi là lí tưởng nhất.

Trường hợp gặp nhiều từ mới hoặc những từ đã quên, thì 1 bài có thể tốn 30 phút để học. Những lúc như thế giúp cho học sinh nhớ các từ vựng trong danh sách còn lại phần câu hỏi sẽ cho bài tập về nhà. Giải thích những cái quan trọng ở lớp, lí do chọn đáp án. Nếu làm như thế thì 1 bài có thể rút ngắn từ 10 đến 20 phút.

じつりょくようせいへん
実力養成編　第1部　基本のことばを覚えよう

Skills development　Part 1　Learning basic vocabulary

Phát triển năng lực　Phần 1　Hãy nhớ những từ vựng cơ bản

①	夫	わたしの**夫**は医者です。	husband chồng
②	妻	わたしの**妻**は働いています。	wife vợ
③	僕	**僕**は学生です。	I (used by men) tôi (từ ngữ được nam giới sử dụng)
④	髪	妹は**髪**が長いです。	hair tóc
⑤	のど	きのうから**のど**が痛いです。	throat họng
⑥	熱	風邪で、**熱**があります。	fever sốt
⑦	(ご)主人	(わたしの)**主人**は医者です。 田中さんの**ご主人**は先生です。	husband chồng
⑧	紹介(する)	友達にわたしの家族を**紹介**しました。	introduce giới thiệu
⑨	心配(する)	母の病気が**心配**です。	worry lo lắng
⑩	もらう(Ⅰ)	誕生日にプレゼントを**もらい**ました。	receive nhận, lấy
⑪	くれる(Ⅱ)	友達がプレゼントを**くれ**ました。	give (me) nhận (tôi)
⑫	連れて行く(Ⅰ)	子どもを病院へ**連れて行き**ました。	take (someone) dẫn, dắt đi
⑬	手伝う(Ⅰ)	父の仕事を**手伝い**ました。	help giúp đỡ
⑭	若い	山田さんはわたしより**若い**です。	young trẻ tuổi
⑮	寂しい	友達がいないと、**寂しい**です。	lonely buồn

かくにん

1 (1) 風邪で（　　　　　　）がありますから、学校を休みます。

(2) 風邪のとき、（　　　　　　）が痛くなります。

(3) 家族に会うことができませんから、（　　　　　　）です。

(4) わたしは時々、母の仕事を（　　　　　）ます。

(5) 母が誕生日にセーターを（　　　　　）ました。

(6) この店は、15歳から25歳ぐらいの（　　　　　）人がたくさん来る。

(7) もう10時なのに、子どもが学校から帰りません。とても（　　　　　）です。

(8) （　　　　　）が長くなりましたから、友達に切って（　　　　　）ました。

(9) 田中さんの奥さんは、「学生のとき（　　　　　）と結婚した」と言いました。

2 （　　　　）に左のページの①〜⑮のことばを書いてください。

> わたしの家族を（a　　　　　　）します。
> わたしの家族は、わたしと（b　　　　　／c　　　　　　）と子どもの3人です。

> わたしは28歳です。
> わたしは（d　　　　　　）
> より2歳（e　　　　　　）
> です。

> （f　　　　　）の名前は
> よしおです。5歳です。

ただし　ゆきこ　よしお
28歳　30歳　5歳

じっせん

1 （　　　）に　なにを　いれますか。いちばん　いい　ものを　一つ　えらんで　ください。

(1) あさ、学校へ　子どもを　（　　　）。

　a. てつだいます　　　b. つれて　いきます　c. しんぱいします　　d. もって　いきます

(2) わたしは　ときどき　あにに　しゅくだいを　てつだって　（　　　）。

　a. くれます　　　　　b. あげます　　　　　c. もらいます　　　　d. います

2 つぎの　ことばの　つかいかたで　いちばん　いい　ものを　一つ　えらんで　ください。

(1) わかい

　a. この　やさいは　<u>わかい</u>です。

　b. <u>わかい</u>　子どもは、ことばを　話す　ことが　できません。

　c. 魚は　<u>わかい</u>　ほうが、おいしいです。

　d. あの　人は　<u>わかい</u>ですが、いろいろな　ことを　しって　います。

(2) くれる

　a. 母は、会社の　人に　チョコレートを　<u>くれました</u>。

　b. わたしは　毎日　友だちに　メールを　<u>くれます</u>。

　c. 母は　毎年　たんじょうびに　ケーキを　つくって　<u>くれます</u>。

　d. わたしは　ときどき　友だちの　しゅくだいを　てつだって　<u>くれます</u>。

①	趣味	わたしの**趣味**はテニスです。	hobby sở thích
②	美術館	**美術館**で絵を見ます。	art museum/gallery bảo tàng mỹ thuật
③	(お)花見	公園で**お花見**をします。	cherry-blossom viewing ngắm hoa đào
④	コンサート	クラシックの**コンサート**に行きます。	concert buổi hòa nhạc
⑤	ダンス	友達と**ダンス**をします。	dance khiêu vũ, nhảy
⑥	スキー	北海道で**スキー**をします。	skiing trượt tuyết
⑦	ビデオ	**ビデオ**を見ます。	video video
⑧	アニメ	**アニメ**を見ます。	anime, animation hoạt hình
⑨	マンガ	**マンガ**を読みます。	manga, comic truyện tranh
⑩	日記	**日記**を書きます。	diary nhật kí
⑪	試合(する)	サッカーの**試合**をします。	play (in a match) thi đấu
⑫	放送(する)	テレビで映画を**放送します**。	broadcast phát sóng
⑬	集める(Ⅱ)	切手を**集めて**います。	collect thu thập, tập trung
⑭	ぜひ	**ぜひ**うちへ遊びに来てください。	definitely nhất định
⑮	一度	京都へ**一度**行ったことがあります。	once một lần

かくにん

1 (1) わたしは毎日、食べた物や、したことを（　　　　　）に書きます。

(2) 絵が好きですから、時々（　　　　　）へ絵を見に行きます。

(3) わたしの（　　　　　）は、古い切手を（　　　　　）ことです。

(4) わたしはクラシック音楽が好きで、時々（　　　　　）に行きます。

(5) この映画は（　　　　　）見たことがあります。とてもおもしろかったです。

(6) パーティーのとき、彼女と（　　　　　）をしました。

(7) わたしの国は雪が降りませんから、（　　　　　）をしたことがありません。

(8) 去年の春、公園で（　　　　　）をしました。（　　　　　）今年もしたいです。

(9) わたしは（　　　　　）が大好きですから、毎月30冊ぐらい読みます。

2 いいものを一つ選んでください。

(1) わたしの { しゅみ・しゅうみ・きょうみ } は、旅行です。

(2) 日曜日は、うちで { ビィディオ・ビデオ・ビジオ } を見ます。

3 (　　　　) に左のページの①〜⑮のことばを書いてください。

(1) 冬に (　　　　　　) をします。　　(2) みんなで (　　　　　) をします。

(3) うちで (　　　　　　) を読みます。　(4) (　　　　　) で絵を見ます。

(1)	(2)	(3)	(4)

じっせん

1 (　　　) に なにを いれますか。いちばん いい ものを 一つ えらんで ください。

(1) わたしの 国で、ときどき 日本の アニメを (　　　) します。

　　a. ほうそう　　　　b. ビデオ　　　　　c. マンガ　　　　d. えいが

(2) きょう テレビで 日本と ブラジルの サッカーの (　　　) が あります。

　　a. コンサート　　　b. しあい　　　　　c. スポーツ　　　d. あそぶ

2 つぎの ことばの つかいかたで いちばん いい ものを 一つ えらんで ください。

(1) ぜひ

　　a. わたしは 日本で すしを <u>ぜひ</u> 食べました。

　　b. その 店は おいしくないですから、<u>ぜひ</u> 行かないで ください。

　　c. あの 人は <u>ぜひ</u> いしゃに なると おもいます。

　　d. 来週の パーティーに <u>ぜひ</u> 来て ください。

(2) いちど

　　a. わたしは <u>いちど</u> スキーを しませんでした。

　　b. トマトは きらいですから、<u>いちど</u> 食べたくないです。

　　c. この マンガは <u>いちど</u> 読んだ ことが あります。

　　d. ジャズの コンサートは <u>いちど</u> 行った ことが ありません。

①	船	船で外国へ行きます。	ship thuyền
②	空港	飛行機が空港に着きました。	airport sân bay
③	急行	この電車は急行です。	express train tốc hành
④	交通	この町は交通が便利です。	transportation giao thông
⑤	神社	近くに古い神社があります。	shrine đền thờ, miếu thờ
⑥	世界	世界には、いろいろな国があります。	world thế giới
⑦	予約(する)	ホテルを予約します。	reserve đặt chỗ
⑧	案内(する)	町の中を案内します。	show (someone) around hướng dẫn
⑨	準備(する)	旅行の準備をします。	prepare chuẩn bị
⑩	動く(Ⅰ)	止まっていた電車が動きました。	move, work hoạt động, chuyển động
⑪	泊まる(Ⅰ)	ホテルに泊まります。	stay trọ
⑫	乗り換える(Ⅱ)	電車からバスに乗り換えます。	transfer đổi xe, chuyển xe
⑬	止める(Ⅱ)	タクシーを止めます。	stop, park dừng xe, đỗ xe
⑭	残念(な)	残念ですが、きょう美術館は休みです。	regrettable đáng tiếc, tiếc nuối
⑮	もうすぐ	もうすぐ電車が来ます。	soon sắp sửa

かくにん

1 (1) 旅行に行くまえに、ホテルを(　　　　　)します。

(2) (　　　　　)夏休みで、国へ帰りますから、今、(　　　　　)をしています。

(3) 飛行機は、10時に(　　　　　)に着きます。

(4) (　　　　　)でいちばん大きい国は、ロシアです。

(5) 手を上げて、タクシーを(　　　　　)ます。

(6) この電車は(　　　　　)ですから、止まらない駅があります。

(7) 東京は、電車も地下鉄もあって、(　　　　　)がとても便利です。

(8) 去年シンガポールへ行って、きれいなホテルに(　　　　　)ました。

(9) 日本では、一年の初めに(　　　　　)に行く人が多いです。

2 (　　　)に左のページの①～⑮のことばを書いてください。

〈北海道旅行〉

　夏休みに北海道へ行きました。新幹線や(a　　　　)で行くこともできますが、時間がかかりますから、飛行機で行きました。東京から1時間40分ぐらいで、(b　　　　)に着きました。札幌は電車も地下鉄もあって、(c　　　　)が便利です。電車で札幌駅に行って、地下鉄に(d　　　　)ました。すすきの駅で降りて、友達と会いました。昼ごはんにラーメンを食べに行きましたが、いちばん有名な店が休みでしたから、(e　　　　)でした。それから、友達に札幌の町を(f　　　　)してもらいました。夜は、札幌のホテルに(g　　　　)ました。

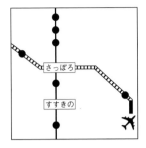

じっせん

1 (　　　)に なにを いれますか。いちばん いい ものを 一つ えらんで ください。

(1) うちの 前で 車を (　　　)。

　　a. とめました　　　b. とまりました　　c. つきました　　　d. うごきました

(2) もうすぐ テストが ありますから、(　　　)を して います。

　　a. あんない　　　　b. よやく　　　　　c. じゅんび　　　　d. しあい

2 ＿＿＿の ぶんと だいたい おなじ いみの ぶんを 一つ えらんで ください。

(1) バスから 電車に のりかえます。

　　a. バスに のって、つぎに 電車に のります。

　　b. 電車に のって、つぎに バスに のります。

　　c. バスに のりますが、電車に のりません。

　　d. 電車に のりますが、バスに のりません。

(2) この とけいは うごきません。

　　a. この とけいは あまり つかいません。

　　b. この とけいは いつも おなじ ところに あります。

　　c. この とけいは ときどき とまります。

　　d. この とけいは とまって います。

①	棚	棚に本を置きます。	shelf cái kệ, cái giá
②	スイッチ	電気のスイッチはあそこです。	switch công tắc
③	パソコン	パソコンを使います。	personal computer, PC máy tính xách tay
④	布団	布団で寝ます。	futon chăn, nệm
⑤	ごみ	ごみがたくさんあります。	rubbish rác
⑥	住所	ここに名前と住所を書いてください。	address địa chỉ
⑦	修理(する)	自転車を修理します。	repair sửa chữa
⑧	故障(する)	車が故障しました。	break down hư, hỏng
⑨	引っ越し(する)	新しいアパートに引っ越ししました。	move chuyển nhà
⑩	役に立つ(Ⅰ)	この辞書は役に立ちます。	be useful có ích
⑪	捨てる(Ⅱ)	ごみ箱にごみを捨てます。	throw away vứt
⑫	つける(Ⅱ)	電気をつけます。	turn/switch on bật
⑬	消す(Ⅰ)	電気を消します。 ノートに描いた絵を消しました。	turn/switch off, erase tắt, tẩy, xóa
⑭	すてき(な)	すてきな部屋ですね。	wonderful tuyệt vời
⑮	そろそろ	そろそろ帰りましょう。	about time to sắp sửa

かくにん

1 (1) 大阪から東京に(　　　　　)しました。新しい(　　　　　)は東京都新宿区です。

(2) 部屋が暗いですから、電気を(　　　　　て)ください。(　　　　　)は、あそこです。

(3) (　　　　　)の上に、テレビを置きました。

(4) 12時ですから、(　　　　　)昼ごはんを食べに行きましょう。

(5) このシャツはとても汚いですから、(　　　　　)ます。

(6) 出かけるとき、部屋の電気を(　　　　　)ます。

(7) わたしの家にはベッドがありません。いつも(　　　　　)で寝ます。

(8) 時計が(　　　　　)して動きません。店の人に(　　　　　)してもらいます。

(9) (　　　　　)は本当に役に立ちますから、いろいろなときに使います。

2 (　　　) に □□□ のことばを、[　] に { が・に・を } を書いてください。

(1) ごみ [　　] (　　　)。　　(2) 電気(でんき) [　　] (　　　)。　　(3) 電気(でんき) [　　] (　　　)。

(4) 隣(となり)の町(まち) [　／へ] (　　　) します。　　(5) 自転車(じてんしゃ) [　　] (　　　) しましたから、
　　　　　　　　　　　　　　　　　　　　　　　その自転車(じてんしゃ) [　　] (　　　) しました。

ひっこし　　すてます　　つけました　　けしました　　こしょう　　しゅうり

じっせん

1 (　　　) に なにを いれますか。いちばん いい ものを 一つ えらんで ください。

(1) その ぼうし、(　　　) ですね。わたしも ほしいです。

　　a. わかい　　　　　b. ざんねん　　　　　c. やくに たつ　　　d. すてき

(2) この かばんは、大きいですから、りょこうの とき (　　　)。

　　a. とります　　　　b. やくに たちます　c. すてます　　　　d. てつだいます

2 つぎの ことばの つかいかたで いちばん いい ものを 一つ えらんで ください。

(1) つける

　　a. 出かける とき、ドアの かぎを つけます。

　　b. シャワーを つけて、あたまを あらいます。

　　c. あついですから、エアコンを つけます。

　　d. にもつを つくえの 上に つけました。

(2) そろそろ

　　a. 1年 べんきょうしましたから、そろそろ 日本語が じょうずです。

　　b. 5時ですから、そろそろ かえりました。

　　c. 7時ですが、そろそろ しごとが おわりません。

　　d. もう 11時ですから、そろそろ ねましょう。

①	カード	**カード**で買います。	credit card / thẻ thanh toán
②	お釣り	**お釣り**をもらいます。	change / tiền thối
③	億	この家は1**億**円です。	one hundred million / trăm triệu
④	サイズ	服を買うとき、**サイズ**を見ます。	size / kích cỡ
⑤	売り場	靴の**売り場**は2階です。	department, sales area / quầy bán
⑥	エスカレーター	**エスカレーター**で2階へ行きます。	escalator / thang cuốn
⑦	サービス	この店は**サービス**がいいです。	service / dịch vụ, phục vụ
⑧	(お)土産	友達に旅行の**お土産**を買います。	souvenir / quà lưu niệm
⑨	下ろす(Ⅰ)	棚の上の荷物を**下ろし**ます。 銀行でお金を**下ろし**ます。	take down, withdraw / hạ xuống, rút tiền
⑩	押す(Ⅰ)	ボタンを**押す**と、ジュースが出ます。	press / ấn, nhấn
⑪	払う(Ⅰ)	店でお金を**払い**ます。	pay / trả, thanh toán
⑫	触る(Ⅰ)	危ないですから、それに**触って**はいけません。	touch / chạm, sờ
⑬	細かい	**細かい**お金がありません。 野菜を**細かく**切ります。	small / lẻ (tiền lẻ), nhỏ

かくにん

1 (1) デパートで服を買うとき、いつもお金は(　　　)で(　　　)ます。
(2) 旅行に行って、両親に(　　　)を買いました。
(3) 500円で140円のジュースを買うと、(　　　)は360円です。
(4) この店は、安くて、(　　　)がいいですから、いつも人が多いです。
(5) A：傘の(　　　)はどこですか。
　　B：2階です。あちらに、2階へ行く(　　　)があります。
(6) このお皿は(　　　)と、とても熱いですよ。
(7) 棚の上の荷物を下に(　　　て)くれませんか。
(8) お金を入れて、ボタンを(　　　)と、切符が出ます。

2 いいものを一つ選んでください。

(1) この店は、{ サビス・サビース・サービス }があまりよくないです。

(2) テレビを買って、{ カド・カード・カドー }で払います。

3 (　　　　) に左のページの①〜⑬のことばを書いてください。

　きのう、デパートへ靴を買いに行きました。靴の (a　　　　　) は2階でした。2階へ

(b　　　　　) で行きました。わたしの靴の (c　　　　　) は25cmです。4,980円の靴を

買いましたが、(d　　　　　) お金がありませんでしたから、10,000円札

で (e　　　　) て)、5,020円の (f　　　　　) をもらいました。

(じっせん)

1 (　　　　) に なにを いれますか。いちばん いい ものを 一つ えらんで ください。

(1) ドアを あける ときは、この ボタンを (　　　　) ください。

　　a. おして　　　　　b. おろして　　　　　c. つけて　　　　　d. とめて

(2) 子どもが ナイフに (　　　　) と あぶないです。

　　a. おす　　　　　b. きる　　　　　c. とる　　　　　d. さわる

(3) かいものに 行く まえに、ぎんこうで お金を (　　　　)。

　　a. もちます　　　　　b. おろします　　　　　c. とります　　　　　d. さわります

2 ＿＿＿＿ の ぶんと だいたい おなじ いみの ぶんを 一つ えらんで ください。

(1) やさいは こまかく きって ください。

　　a. やさいは 大きく きって ください。

　　b. やさいは 小さく きって ください。

　　c. やさいは 二つに きって ください。

　　d. やさいは 四つに きって ください。

(2) この えは 1おく円です。

　　a. この えは 1,000,000円です。

　　b. この えは 10,000,000円です。

　　c. この えは 100,000,000円です。

　　d. この えは 1,000,000,000円です。

①	レポート	日本語で**レポート**を書きます。	report, paper bài báo cáo
②	高校	**高校**で勉強します。	high school trường phổ thông
	★ 学校／大学　で勉強します。		school, university trường học, đại học
③	留学生	あの人は中国から来た**留学生**です。	international student du học sinh
④	ホームステイ	外国で**ホームステイ**をしました。	homestay homestay
⑤	字	ノートに**字**を書きます。	letter, character chữ
⑥	答え	テストの紙に問題の**答え**を書きます。	answer câu trả lời
⑦	消しゴム	答えを**消しゴム**で消します。	eraser cục tẩy
⑧	意味	このことばの**意味**がわかりません。	meaning ý nghĩa
⑨	試験	あした日本語の**試験**があります。	examination bài kiểm tra, cuộc thi
⑩	説明 (する)	先生の**説明**を聞きました。	explain thuyết minh, giải thích
⑪	研究 (する)	大学で新しい薬の**研究**をしています。	research nghiên cứu
⑫	考える (Ⅱ)	問題の答えを**考えます**。	think suy nghĩ
⑬	調べる (Ⅱ)	知らない漢字を**調べます**。	look up tra cứu, tìm hiểu
⑭	だいたい	話は**だいたい**わかりました。	mostly đại khái
⑮	全然	日本語は**全然**わかりません。	not at all hoàn toàn ~ không

かくにん

1 (1) この大学は入るとき、難しい（　　　　　　）があります。

(2) 大学で500年まえの日本の町の（　　　　　　）をして、（　　　　　）を書きました。

(3) わたしの子どもはまだ2歳ですから、（　　　　　　）を読むことができません。

(4) ことばの（　　　　　）がわからないときは、辞書で（　　　　　）ます。

(5) この大学は、外国から来た（　　　　　）がたくさんいます。

(6) 3年まえは、日本語が（　　　　）わかりませんでしたが、今は（　　　　　）わかります。

(7) この問題は難しくて、3時間（　　　　　て）も、まだ（　　　　　）がわかりません。

(8) 17歳のとき、日本人の家に（　　　　　）をして、日本の（　　　　　）で勉強しました。

2 いいものを一つ選んでください。

(1) 来週までに{ レポト・レーポト・レポート }を書かなければなりません。

(2) { ホームステイ・ホムーステイ・ホームスティー }をしたことがありますか。

3 (　)にひらがなを書いてください。

(1)

(1) ノートに(　)を書きます。

(2) 鉛筆で描いた絵を(　__ __ ゴム)で消しました。

(3) 辞書で知らない漢字を(　__ __ __)ます。

(4) 難しい問題の(　__ __ __)を(　__ __ __ __)ます。

(4)

(5) 先生：「レポートの書き方を(　__ __ __ __)しますから、
　　　　よく聞いてください。」

（じっせん）

1 (　　　)に　なにを　いれますか。いちばん　いい　ものを　一つ　えらんで　ください。

(1) なつやすみの　しゅくだいは　(　　　)　おわりました。

　　a. そろそろ　　　　　b. ぜんぜん　　　　　c. もうすぐ　　　　d. だいたい

(2) よく　わかりませんでしたから、もう　いちど　(　　　)して　ください。

　　a. けんきゅう　　　　b. せつめい　　　　　c. しけん　　　　　d. ほうそう

2 つぎの　ことばの　つかいかたで　いちばん　いい　ものを　一つ　えらんで　ください。

(1) ぜんぜん

　　a. わたしは　マンガが　ぜんぜん　すきです。

　　b. わたしは　テレビを　ぜんぜん　見ません。

　　c. この　とけいは　ぜんぜん　とまって　います。

　　d. べんきょうした　かんじを　ぜんぜん　わすれました。

(2) しけん

　　a. 来週　大学の　しけんを　見ますから、べんきょうして　います。

　　b. この　パソコンは　ときどき　こしょうしますから、しけんを　して　もらいました。

　　c. あたまが　いたいですから、びょういんで　しけんを　して　もらいました。

　　d. 今から　しけんを　しますから、本や　ノートを　かばんに　入れて　ください。

①	社長	あの人は会社の社長です。	company president giám đốc
②	部長	部長はとても忙しいです。	general manager trưởng phòng, trưởng bộ phận
③	アルバイト	レストランでアルバイトをします。	part-time work công việc làm thêm
④	受付	受付はあちらです。	reception quầy lễ tân
⑤	事務所	事務所は3階です。	office văn phòng
⑥	会議室	会議室で会議をします。	meeting room phòng họp
⑦	昼休み	昼休みに昼ごはんを食べます。	lunch break nghỉ trưa
⑧	スーツ	スーツを着て、会社へ行きます。	suit vest
⑨	コンピューター	コンピューターを使って調べます。	computer máy tính để bàn
⑩	経済	経済のニュースを見ます。	economy, economics kinh tế
⑪	会議(する)	1時から会議があります。	have a meeting tổ chức cuộc họp
⑫	送る(Ⅰ)	会社から仕事のメールを送ります。	send gửi
⑬	簡単(な)	きょうの仕事は簡単です。	easy đơn giản
⑭	大変(な)	きょうはたくさん仕事がありますから、大変です。	hard, terrible khó khăn, vất vả
⑮	失礼(な)	失礼な話し方をしてはいけません。	rude thất lễ

かくにん

1 (1) 仕事のときは、いつも（　　　　　　）を着ています。

(2) 入口に（　　　　　　）がありますから、そこでお金を払って、入ってください。

(3) 学生のとき、お金がありませんでしたから、いろいろな（　　　　　　）をしました。

(4) 毎日国の両親にメールを（　　　　　　）ます。

(5) どこの国でも、（　　　　　）は大きな問題です。

(6) きょう、（　　　　　）のあと、1時から、（　　　　　）で大きな（　　　　　）がありました。（　　　　　）や（　　　　　）も来ました。

(7) きのうの宿題は（　　　　　）でしたから、早く終わりましたが、きょうの宿題は作文ですから、（　　　　　）です。

2（　　　）に左のページの①～⑮のことばを書いてください。

　わたしは（aコ　　　　　）の会社で働いています。

　ここ（**A**）は、会社の（b　　　　　）です。会社に来た人は、ここで名前を言って、中に入ります。ここ（**B**）は、（c　　　　　）です。仕事は忙しくて、（d　　　　　）です。ここ（**C**）は（e　　　　　）です。大切な（f　　　　　）のときは、みんな（g　　　　　）を着てきて、（h　　　　　）や（i　　　　　）の話を聞きます。

A

B

C

> **じっせん**

1（　　　）に　なにを　いれますか。いちばん　いい　ものを　一つ　えらんで　ください。

(1) 毎日　たくさん　しごとの　メールを　（　　　）。

　　a. おくります　　　　b. あります　　　　c. もちます　　　　d. かいぎします

(2) きのうの　しごとは、（　　　）で、はやく　おわりました。

　　a. ざんねん　　　　b. しつれい　　　　c. たいへん　　　　d. かんたん

2つぎの　ことばの　つかいかたで　いちばん　いい　ものを　一つ　えらんで　ください。

(1) たいへん

　　a. けっこんしたいと、たいへんに　かんがえて　います。

　　b. 会社で　たいへん　はたらいて　います。

　　c. 会社が　とても　とおいですから、あさ　たいへんです。

　　d. たなかさんは、よく　はたらく　たいへんな　人です。

(2) しつれい

　　a. 女の　人に　としを　聞いたら、しつれいだと　おもいます。

　　b. 道に　ごみを　すてたら、しつれいです。

　　c. 日本では、10さいの　子どもが　おさけを　飲んだら、しつれいです。

　　d. あの　人は　ときどき　しつれいに　話します。

①	たてもの 建物	あの高い**建物**はホテルです。	building tòa nhà
②	こうさてん 交差点	まっすぐ行くと、**交差点**があります。	crossing giao lộ
③	ちゅうしゃじょう 駐車場	**駐車場**に車を止めます。	car park bãi đỗ xe
④	かど 角	次の交差点の**角**に銀行があります。	corner góc
⑤	(お)寺	この**お寺**は古いです。	temple chùa
⑥	はいしゃ 歯医者	歯が痛いですから、**歯医者**に行きます。	dentist nha sĩ
⑦	けん 県	時々、隣の**県**まで買い物に行きます。	prefecture tỉnh
⑧	(お)正月	**お正月**に国へ帰ります。	New Year tết dương lịch
⑨	(お)祭り	有名な**お祭り**を見に行きました。	festival lễ hội
⑩	いなか 田舎	**田舎**に住みたいです。	countryside quê, nông thôn
⑪	きせつ 季節	日本には、四つの**季節**があります。	season mùa (thời tiết)
⑫	きもの 着物	お正月に**着物**を着ます。	kimono kimono (trang phục truyền thống Nhật Bản)
⑬	曲がる（Ⅰ）	その角を右へ**曲がる**と、駅があります。	turn rẽ, quẹo
⑭	渡る（Ⅰ）	橋を**渡り**ます。	cross băng qua
⑮	ふべん 不便(な)	ここは交通が**不便**です。	inconvenient bất tiện

かくにん

1 (1) デパートの（　　　　　）に車を止めて、買い物をしました。

(2) 歯が痛いですから、（　　　　　）へ行きます。

(3) 日本では、6月は雨がたくさん降ります。雨の（　　　　　）です。

(4) この橋を（　　　　　）と、そこから隣の（　　　　　）に入ります。

(5) ここは（　　　　　）ですから、電車や地下鉄、コンビニもなくて、（　　　　　）です。

(6) あの高い（　　　　　）は、ホテルです。

(7) 駅は、ここをまっすぐ行って、大きい（　　　　　）を左へ（　　　　　）とあります。

(8) 京都は金閣寺など、有名な（　　　　　）がたくさんあります。

(9) （　　　　　）にたくさんの人が寺や神社に行きます。

2 (　　　)に左のページの①～⑮のことばを書いてください。

駅で、AさんがBさんに道を聞いています。

A：すみません。山川高校は、どうやって行ったらいいですか。

B：ああ、山川高校ですね。駅の前の道をまっすぐ行って、初め

　　の大きい(a　　　　)を右へ(b　　　　て)ください。

　　それから広い(c　　　　)の(d　　　　)を左へ

　　(b　　　　て)ください。少し行くと、橋があります。

　　その橋を(e　　　　)と、右に(f　　　　)があります。

　　山川高校は、そこから少し行くと、ありますよ。

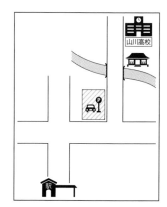

じっせん

1 (　　　)に　なにを　いれますか。いちばん　いい　ものを　一つ　えらんで　ください。

(1)おしょうがつに　(　　　)を　きて、しゃしんを　とりました。

　　a. ぼうし　　　　　　b. くつ　　　　　　　c. きもの　　　　　　d. まつり

(2)ふねで　川を　(　　　)。

　　a. まがります　　　　b. わたります　　　　c. とめます　　　　　d. あるきます

2 つぎの　ことばの　つかいかたで　いちばん　いい　ものを　一つ　えらんで　ください。

(1) かど

　　a. そうじを　しませんでしたから、へやの　かどに　ごみが　あります。

　　b. あの　どうぶつは　あたまに　かどが　あります。

　　c. デパートの　おさけの　かどで　ワインを　買いました。

　　d. まっすぐ　行って、つぎの　かどを　左へ　まがると　駅です。

(2) ふべん

　　a. よるの　12時ですから、電話を　するのは　ふべんです。

　　b. ちかくに　お店が　ないですから、ふべんです。

　　c. あの　人は　しごとを　しない　ふべんな　人です。

　　d. テニスを　したいですが、雨ですから　ふべんです。

1.（　）に　なにを　いれますか。1・2・3・4から　いちばん　いい　ものを　ひとつ
えらんで　ください。

1 テレビで　日本と　アメリカの　やきゅうの　（　　）を　見ました。

　　1　カード　　　　　　2　しあい　　　　　　3　まつり　　　　　　4　マンガ

2 りょこうに　行って、ゆうめいな　ホテルに　（　　）。

　　1　とめました　　　2　とまりました　　　3　ひっこししました　4　すみました

3 （　　）お金が　ありませんから、10,000円で　はらって、おつりを　もらいます。

　　1　こまかい　　　　2　わかい　　　　　　3　やすい　　　　　　4　ひくい

4 つぎの　かどを　左へ　（　　）ください。

　　1　わたって　　　　2　のりかえて　　　　3　おくって　　　　　4　まがって

5 しらない　人に　としを　聞いたら、（　　）だと　おもいます。

　　1　しつれい　　　　2　ざんねん　　　　　3　ふべん　　　　　　4　かんたん

6 日本語は、ゆっくり　話して　もらえれば、（　　）わかります。

　　1　そろそろ　　　　2　もうすぐ　　　　　3　だいたい　　　　　4　ぜひ

7 よしだ先生が　学校の　中を　（　　）して　くれました。

　　1　ほうそう　　　　2　さんぽ　　　　　　3　あんない　　　　　4　しけん

2.　___の　ぶんと　だいたい　おなじ　いみの　ぶんが　あります。1・2・3・4から
いちばん　いい　ものを　ひとつ　えらんで　ください。

1 来週　おおさかに　ひっこしします。

　　1　来週　おおさかへ　りょこうに　行きます。

　　2　来週　おおさかへ　行って、そこに　すみます。

　　3　来週　おおさかへ　しごとを　しに　行きます。

　　4　来週　おおさかに　にもつを　おくります。

2 すてきな ぼうしですね。

  1 新しい ぼうしですね。

  2 おもしろい ぼうしですね。

  3 大きい ぼうしですね。

  4 いい ぼうしですね。

3. つぎの ことばの つかいかたで いちばん いい ものを 1・2・3・4から

  ひとつ えらんで ください。

1 ぜひ

  1 日本へ 行ったら、ぜひ 日本の すしを 食べたいと おもって います。

  2 きょうは とても さむいですから、ぜひ 出かけたくないです。

  3 この ことばは たいせつですから、ぜひ わすれないで ください。

  4 あしたは ぜひ いい 天気に なると おもいます。

2 こしょう

  1 かばんが こしょうしましたから、新しいのを 買います。

  2 かぜが つよかったですから、木が こしょうしました。

  3 あまり ねませんでしたから、からだが こしょうしました。

  4 パソコンが こしょうして レポートを 書く ことが できません。

3 たいへん

  1 この にくは たいへんですから、おいしくないです。

  2 この まちは 10年まえから たいへんしました。

  3 きのうの しゅくだいは むずかしくて たいへんでした。

  4 ベッドが たいへんで、ねる ことが できませんでした。

①	息子	わたしの息子は5歳です。	son con trai
②	娘	2011年に娘が生まれました。	daughter con gái
③	ペット	うちには3匹ペットがいます。	pet thú nuôi
④	声	大きい声で話してください。	voice giọng, tiếng
⑤	力	山田さんは力が強いです。	strength sức lực
⑥	うそ	リンさんの話はうそだと思います。	lie nói dối
⑦	夢	わたしには夢があります。	dream mơ ước, giấc mơ
⑧	普通	田中さんは普通の人です。 大学は普通、9時に始まります。	ordinary, usually bình thường, thông thường
⑨	将来	将来、日本語の先生になりたいです。	future tương lai
⑩	決める（Ⅱ）	日本に行くことを決めました。	decide quyết định
⑪	偉い	毎日勉強していて、偉いですね。 この会社でいちばん偉い人は社長です。	admirable, eminent vĩ đại, tuyệt vời, giỏi
⑫	すごい	彼は何でもできるすごい人です。	wonderful xuất sắc, tuyệt vời
⑬	久しぶり	久しぶりに弟に会いました。	after a long time lâu rồi

かくにん

1 (1)（　　　　　）を売っている店で、この犬を買いました。

(2) 日本では、家に入るとき、（　　　　　）、靴を脱ぎます。

(3) 母は重い物は持てません。あまり（　　　　　）がないんです。

(4)（　　　　　）のことは、まだ、あまり考えていませんが、大学には入りたいです。

(5) メールで友達と会う時間を（　　　　　）ました。

(6)（　　　　　）を言わないでください。わたしには本当のことを話してください。

(7) その映画を見た友達は、おもしろいし、楽しいし、（　　　　　）映画だったと言っていました。

(8) あの人がこの会社の社長です。この会社の中でいちばん（　　　　　）人です。

(9) わたしは日本で医者になるという（　　　　　）を持っています。

2 いいものを一つ選んでください

(1) { しょうるい・しょうらい・しょらい }は、日本に住みたいです。

(2) { ベット・ペト・ペット }がとても欲しいです。

3 ( )にことばを書いてください。

例) ゆきこは、よしおの(母)です。

(1) ただしは、ゆきこの( )です。

(2) よしおは、ゆきこの( )です。

(3) あやこは、ただしの( )です。

(4) ゆきこは、ただしの( )です。

(5) あやこは、よしおの( )です。

ゆきこ30歳　ただし28歳

あやこ3歳　よしお5歳

（じっせん）

1 ( )に なにを いれますか。いちばん いい ものを 一つ えらんで ください。

(1) きのう ( ) えいがに 行きました。

　a. しょうらい　　　b. そろそろ　　　　　c. ひさしぶりに　　　d. もうすぐ

(2) きのうの よる、おもしろい ( )を 見ました。

　a. うそ　　　　　　b. しゅみ　　　　　c. ねつ　　　　　　d. ゆめ

2 つぎの ことばの つかいかたで いちばん いい ものを 一つ えらんで ください。

(1) こえ

　a. ピアノの こえは、きれいですから、すきです。

　b. かぜを ひきましたから、こえが あまり 出ません。

　c. 日本語の こえが じょうずでは ありません。

　d. 車の こえが うるさいですから、ねられません。

(2) えらい

　a. はたらきながら べんきょうして いる たなかさんは、えらい 人です。

　b. ふじさんは 日本の 山の 中で いちばん えらい 山です。

　c. 先生と 話す ときは、えらい ことばを つかって ください。

　d. びょうきの ときは、えらい たべものを 食べた ほうが いいです。

①	しょうせつ 小説	日本の**小説**を読みたいです。	novel tiểu thuyết
②	てんらんかい 展覧会	上野に**展覧会**を見に行きました。	exhibition hội triển lãm
③	ばんぐみ 番組	きのう、おもしろい**番組**を見ました。	TV program chương trình tivi
④	ドラマ	新しい**ドラマ**が始まります。	TV drama phim dài tập
⑤	ゲーム	夜、時々、**ゲーム**をします。	game trò chơi điện tử
⑥	こんや 今夜	**今夜**はコンサートに行きます。	this evening tối nay
⑦	うんどう 運動（する）	毎日、**運動**をしています。	exercise vận động
⑧	れんしゅう 練習（する）	ピアノの**練習**は大変です。	practice luyện tập
⑨	けが（する）	足に**けが**をしました。	be injured bị thương, vết thương
⑩	おど 踊る（Ⅰ）	もっと上手に**踊り**たいです。	dance nhảy, khiêu vũ
⑪	投げる（Ⅱ）	大谷さんは速いボールを**投げ**ます。	throw ném
⑫	勝つ（Ⅰ）	試合に**勝ち**ました。	win giành chiến thắng
⑬	負ける（Ⅱ）	試合で隣の学校に**負け**ました。	lose thua
⑭	すばらしい	**すばらしい**映画でした。	wonderful tuyệt vời

かくにん

1 (1) わたしはテレビでニュースはあまり見ません。（　　　　　）は、よく見ます。

(2) わたしは日本の（　　　　　）を読むのが好きです。

(3) 毎日、2時間ぐらいピアノの（　　　　　）をしています。

(4) 田中さんはカラオケでダンスを（　　　　　）ながら、歌っていましたよ。

(5) 弟よりわたしのほうがテニスが上手ですから、いつもわたしが（　　　　　）ます。

(6) （　　　　　）は体にいいとわかっていますが、あまりしていません。

(7) どんな（　　　　　）が好きですか。ニュースですか。アニメですか。ドラマですか。

(8) ブラジルはサッカーが強いですから、いつも日本が（　　　　　て）しまいます。

(9) 山田さんは足の（　　　　　）で試合に出られません。

2 （　　　）に左のページの①〜⑭のことばを書いてください。

お休みのとき、何をしましたか。

(1) （　　　　　）を5時間ぐらいしました。

(2) 絵の（　　　　　）に行きました。

(3) 友達といっしょに（　　　　　）ました。

(4) 友達と野球をしました。でも、友達がボールを（　　　　た）とき、ボールが当たって＊、
　　手に（　　　　　）をしてしまいました。

＊当たる…hit　trúng

(1) 　　(2) 　　(3) 　　(4)

じっせん

1 （　　　）に　なにを　いれますか。いちばん　いい　ものを　一つ　えらんで　ください。

(1) きょうは　いえに　かえって　（　　　）を　見る　つもりです。

　　a. ゲーム　　　　　　b. しょうせつ　　　　c. てんらんかい　　　d. ドラマ

(2) いえで　毎日　うたの　（　　　）を　して　います。

　　a. うんどう　　　　　b. けが　　　　　　　c. ばんぐみ　　　　　d. れんしゅう

2 ＿＿＿の　ぶんと　だいたい　おなじ　いみの　ぶんを　一つ　えらんで　ください。

(1) やまださんが　かいた　えは　すばらしいですね。

　　a. やまださんが　かいた　えは　とても　いいですね。

　　b. やまださんが　かいた　えは　とても　大きいですね。

　　c. やまださんが　かいた　えは　とても　高いですね。

　　d. やまださんが　かいた　えは　とても　小さいですね。

(2) こんやは　えいがに　行こうと　おもって　います。

　　a. あしたの　午後は　えいがに　行こうと　おもって　います。

　　b. あしたの　よるは　えいがに　行こうと　おもって　います。

　　c. きょうの　午後は　えいがに　行こうと　おもって　います。

　　d. きょうの　よるは　えいがに　行こうと　おもって　います。

①	どうぶつえん 動物園	ほっかいどう どうぶつえん い 北海道の**動物園**に行きました。	zoo sở thú
②	ほし 星	そら ほし で 空に**星**が出ていました。	star ngôi sao
③	エンジン	くるま この車は**エンジン**がうるさいです。	engine động cơ
④	ばしょ 場所	ばしょ ホテルの**場所**がわかりません。	location địa điểm
⑤	かえ 帰り	かえ みやげ か **帰り**にお土産を買いました。	returning home đi về
⑥	きぶん 気分	きぶん わる バスで**気分**が悪くなりました。	feeling thể trạng
⑦	つごう 都合	にちようび つごう 日曜日のご**都合**はいかがですか。	convenience, reason sự thuận tiện, thuận lợi
⑧	よてい 予定	なつやす おきなわ い よてい 夏休みに沖縄に行く**予定**です。	plan dự định
⑨	やくそく 約束（する）	りょこう い やくそく いっしょに旅行に行く**約束**をしました。	promise, appointment hứa, cuộc hẹn
⑩	むか 迎える（Ⅱ）	えき ともだち むか い 駅に友達を**迎え**に行きました。	go to meet đón, rước
⑪	もど 戻る（Ⅰ）	じ へや もど 12時に部屋に**戻り**ました。	return trở lại
⑫	かかる（Ⅰ）	ドアにかぎが**かかって**いました。 バスのエンジンが**かかり**ました。	lock, start bị khóa, khởi động máy
⑬	き 聞こえる（Ⅱ）	とり こえ き 鳥の声が**聞こえ**ます。	be heard nghe thấy
⑭	み 見える（Ⅱ）	でんしゃ まど ふじさん み 電車の窓から富士山が**見え**ました。	be seen nhìn thấy
⑮	さわ 騒ぐ（Ⅰ）	こ さわ たいへん 子どもたちが**騒いで**、大変でした。	be noisy làm ồn

かくにん

1 (1) 友達と駅の前で会う（　　　　　）をしました。

(2) お土産を買って、3時までにバスに（　　　　て）ください。

(3) 今晩はいい天気ですから、空に（　　　　）がたくさん（　　　　）ますよ。

(4) この車は（　　　　）が大きいですから、とても速いです。

(5) きのうの夜は、お酒をたくさん飲みましたから、（　　　　）が悪いです。

(6) 夜、ホテルの隣の部屋から音楽が（　　　　）ました。

(7) 車を止めたかったですから、お店の人に駐車場の（　　　　）を聞きました。

(8) カレンダーに夏休みの（　　　　）を書きました。

(9) 子どもといっしょに（　　　　）へライオンを見に行きました。

2 (　　　)に左のページの①〜⑮のことばを書いてください。

キム：リンさん、上野の(a　　　　)に行きませんか。かわいいパンダがいるんですよ。

リン：いいですね。いつ行きましょうか。今週の土曜日は何か(b　　　　)がありますか。

キム：えーと、すみませんが、今週の土曜日は、友達と(c　　　　)があるんです。来週
　　　の土曜日はどうですか。

リン：いいですよ。でも、上野の(a　　　　)の(d　　　　)を知りませんから、教え
　　　てもらえませんか。

キム：簡単ですよ。駅から近いですから。でも、わたしが車でリンさんを家まで(e　　　　)
　　　に行きましょうか。車のほうが早いですから、いっしょに行きませんか。

リン：どうもすみません。じゃあ、お願いします。

じっせん

1 (　　　)に　なにを　いれますか。いちばん　いい　ものを　一つ　えらんで　ください。

(1) おさけを　飲んだ　わかい　男の　人たちが　(　　　)。

　　a. かかって　いました　b. きこえて　いました　c. さわいで　いました　d. みえて　いました

(2) (　　　)の　電車で　ねて　しまいました。

　　a. かえり　　　　　　b. きぶん　　　　　　c. じゅうしょ　　　　d. ばしょ

2 つぎの　ことばの　つかいかたで　いちばん　いい　ものを　一つ　えらんで　ください。

(1) かかる

　　a. 空に　ほしが　かかって　いますから、きれいです。

　　b. 車の　エンジンが　かかりません。

　　c. あしたは　天気が　かかります。

　　d. 電車で　電話を　かからないで　ください。

(2) つごう

　　a. からだの　つごうが　わるかったから、いえに　いました。

　　b. 来週の　にちようびに　いえに　かえる　つごうです。

　　c. しごとの　つごうで　りょこうに　行けませんでした。

　　d. 車の　つごうが　よくなかったから、出かけられません。

①	サンドイッチ	卵のサンドイッチを作りました。	sandwich bánh sandwich
②	ガム	お店でガムをもらいました。	gum kẹo cao su
③	ミルク	いつも紅茶にミルクを入れます。	milk sữa
④	(お)湯	お湯を入れて、3分待ちます。	hot water nước nóng, nước sôi
⑤	味	日本の料理は味が甘いと思います。	taste vị
⑥	ガス	ガスをつけてください。	gas gas
⑦	ごちそう(する)	きょうの晩ごはんはごちそうですね。 友達に晩ごはんをごちそうしました。	feast, treat chiêu đãi, khao, đãi
⑧	食事(する)	レストランで食事をしました。	dine bữa ăn, dùng bữa
⑨	片付ける(Ⅱ)	お皿を片付けました。	put away, clean up dọn dẹp
⑩	かむ(Ⅰ)	よくかんで、食べましょう。	chew, bite cắn, nhai
⑪	残る(Ⅰ)	食べ物がたくさん残りました。	be left còn sót lại, còn lại
⑫	冷やす(Ⅰ)	冷蔵庫でビールを冷やしましょう。	cool làm lạnh
⑬	たいてい	朝はたいていパンを食べます。	usually hầu như
⑭	なかなか	料理がなかなか来ませんでした。 この料理はなかなかおいしいですね。	not readily, rather mãi mà, rất

かくにん

1 (1) きのうは、森先生にてんぷらを（　　　　　）してもらいました。

(2) きのうは新宿へ（　　　　　）に行きました。おすしを食べました。

(3) この料理は、きれいですが、（　　　　　）はあまりよくないですね。

(4) 晩ごはんを食べたあとは、（　　　　　）甘い物を食べています。

(5) 彼女が遊びに来ますから、部屋を（　　　　　）ました。

(6) 田中さんが犬と遊んでいるとき、犬が田中さんの手を（　　　　　）ました。

(7) このお茶は、熱い（　　　　　）で入れると、おいしいですよ。

(8) 山田さんは料理が（　　　　　）上手なんですよ。

(9) 熱が高いですから、頭を（　　　　　た）ほうがいいですよ。

2 いっしょに使うことばはどれですか。

(1) 小さい子どもがミルクを（　　　　）。　　　　a. かみます

(2) 机の上のコップを（　　　　）。　　　　　　b. ごちそうします

(3) 友達に昼ごはんを（　　　　）。　　　　　　c. 飲みます

(4) ごはんのあと、ガムを（　　　　）。　　　　d. 消します

(5) 料理ができたら、ガスを（　　　　）。　　　e. 片付けます

3 いいものを一つ選んでください。

(1) このパンは甘い｛　こえ・あじ　｝が｛　きます・します　｝。

(2) 電車がなかなか｛　きます・きました・きません　｝。

(3) 外国人は｛　あまり・たいてい・なかなか　｝納豆が嫌いです。

（じっせん）

1 （　　　　）に なにを いれますか。いちばん いい ものを 一つ えらんで ください。

(1) ひるごはんは （　　　　）を 食べました。

　　a. ガス　　　　　　　b. ガム　　　　　　　c. サンドイッチ　　　d. ミルク

(2) この カレーは （　　　　） からいですよ。

　　a. あまり　　　　　　b. よく　　　　　　　c. たいてい　　　　　d. なかなか

2 ＿＿＿＿ の ぶんと だいたい おなじ いみの ぶんを 一つ えらんで ください。

(1) れいぞうこに のみものが ひやして あります。

　　a. れいぞうこの のみものは あたたかいです。

　　b. れいぞうこの のみものは あついです。

　　c. れいぞうこの のみものは さむいです。

　　d. れいぞうこの のみものは つめたいです。

(2) おさらに りょうりが たくさん のこりました。

　　a. おさらの りょうりは もう 少ししか ありません。

　　b. おさらの りょうりは たくさん 食べました。

　　c. おさらの りょうりは まだ たくさん あります。

　　d. おさらの りょうりは だいたい 食べました。

①	ジャケット	**ジャケット**を脱ぎました。	jacket áo jac-ket
②	下着	新しい**下着**を買いました。	underwear quần áo lót
③	道具	これは野菜を切る**道具**です。	tool dụng cụ, đạo cụ
④	忘れ物	これは田中さんの**忘れ物**です。	something left behind đồ bỏ quên
⑤	クリーニング（する）	この服は**クリーニング**できません。	clean (at a cleaner's) giặt (tiệm giặt là)
⑥	生活（する）	日本で**生活**しています。	live sinh hoạt, sinh sống
⑦	植える（Ⅱ）	庭に花を**植え**ました。	plant trồng
⑧	消える（Ⅱ）	テレビが**消え**ています。	be off, go out tắt (tự động từ)
⑨	つく（Ⅰ）	電気が**つき**ません。	be on bật (tự động từ)
⑩	はく（Ⅰ）	きょうは赤い靴を**はき**ます。	wear, put on (pants, shoes, etc.) mặc (quần, giày...)
⑪	引く（Ⅰ）	そのドアは**引い**てください。	pull kéo, rút
⑫	拾う（Ⅰ）	道でお金を**拾い**ました。	pick up nhặt, lượm
⑬	汚れる（Ⅱ）	ワインで服が**汚れ**ました。	become dirty, be a mess bẩn, dơ
⑭	気をつける（Ⅱ）	風邪に**気をつけ**てください。	be careful cẩn thận, chú ý
⑮	十分（な）	たくさん食べましたから、もう**十分**です。	enough đủ

かくにん

1 (1) エアコンが（　　　　　て）いますから、この部屋は涼しいです。

(2) 料理を作るときに使った（　　　　　）は片付けてください。

(3) わたしが立つとき、レストランの人がいすを（　　　　　て）くれました。

(4) 電気が（　　　　　て）いましたから、家にだれもいないと思いました。

(5) A：もっと食べますか。　B：いいえ、もう（　　　　　）です。

(6) アルバイトのお金だけで（　　　　　）していますから、大変です。

(7) スーツを（　　　　　）のお店で洗ってもらいました。

(8) 庭に桜の木を（　　　　　た）ら、水をたくさんあげてください。

(9) この道は車が多いですから、車に（　　　　　て）ください。

2 (　　　) にことばを書いて<ruby>書<rt>か</rt></ruby>いてください。

<ruby>例<rt>れい</rt></ruby>) <ruby>帽子<rt>ぼうし</rt></ruby>を (**かぶって**) います。

(1) シャツの<ruby>下<rt>した</rt></ruby>に (　　　　　) を<ruby>着<rt>き</rt></ruby>ています。　(2) <ruby>長<rt>なが</rt></ruby>い<ruby>靴下<rt>くつした</rt></ruby>を (　　　　て) います。

(3) (　　　　　) を<ruby>着<rt>き</rt></ruby>ています。　(4) ネクタイを (　　　　て) います。

<ruby>例<rt>れい</rt></ruby>)　　　　　　(1)　　　　　　(2)　　　　　　(3)　　　　　　(4)

じっせん

1 (　　　) に なにを いれますか。いちばん いい ものを 一つ えらんで ください。

(1) たなかさんの へやは とても (　　　)。

　a. かかって います　b. きえて います　c. はいて います　d. よごれて います

(2) いえの ちかくで じてんしゃの かぎを (　　　)。

　a. うえました　　　b. ひきました　　　c. ひろいました　　　d. もちました

2 つぎの ことばの つかいかたで いちばん いい ものを 一つ えらんで ください。

(1) わすれもの

　a. 日本で とった しゃしんは わたしの たいせつな わすれものです。

　b. この 花は たんじょうびに たなかさんから もらった わすれものです。

　c. わたしは かいものを した とき、お店に わすれものを しました。

　d. おとうさんが 食べた わすれものが まだ れいぞうこに あります。

(2) せいかつ

　a. とうきょうの せいかつは とても たいへんです。

　b. おじいさんの せいかつは あと 3か月です。

　c. この まちは しずかで せいかつが ありません。

　d. この パソコンは せいかつが みじかいです。

① 鏡	部屋に大きな鏡があります。	mirror cái gương
② 人形	かわいい人形を買いました。	doll, figure, stuffed animal búp bê, thú nhồi bông
③ 引き出し	服を引き出しに入れます。	drawer ngăn kéo
④ 枝	長くなった枝を切りました。	branch cành cây
⑤ ガラス	ガラスのお皿でごはんを食べました。	glass kính, thủy tinh
⑥ 真ん中	部屋の真ん中にベッドを置きました。	the middle giữa, trung tâm
⑦ 隅	部屋の隅にテレビがあります。	corner góc, cạnh
⑧ 落とす（Ⅰ）	コップを落としました。 道で家のかぎを落としました。	drop, lose làm rơi, rớt
⑨ 変える（Ⅱ）	机の場所を変えました。	change thay đổi
⑩ かける（Ⅱ）	ドアの横にカレンダーをかけました。 魚にしょうゆをかけて食べました。	hang, pour, sprinkle treo, mắc, tưới, rắc
⑪ 飾る（Ⅰ）	玄関に絵を飾りました。	decorate trang trí
⑫ 取り替える（Ⅱ）	花瓶の水を取り替えました。	exchange, replace đổi, hoán đổi
⑬ 折れる（Ⅱ）	お箸が折れました。	break, snap bị gãy
⑭ 壊れる（Ⅱ）	テレビが壊れました。	be broken, break down bị hư, hỏng
⑮ 割れる（Ⅱ）	お皿が割れました。	be broken bị vỡ, bể

かくにん

1 (1) もらった花を花瓶に入れて、（　　　　　）ました。

(2) ジャケットをいすに（　　　　　て）おきました。

(3) 朝、起きる時間を7時から6時に（　　　　　）ました。

(4) スーパーで買った卵がかばんの中で（　　　　　て）いました。

(5) 風が強かったですから、庭の木の（　　　　　）が（　　　　　て）しまいました。

(6) わたしの4歳の娘は、いつもパンダの（　　　　　）といっしょに寝ています。

(7) 時計が（　　　　　て）いますから、時間がわかりません。

(8) 食事のときにナイフを下に（　　　　　て）しまいました。

(9) 両親から来た手紙は全部（　　　　　）に入れてあります。

2 (　　　)に左のページの①〜⑮のことばを書いてください。

大変です！

(1) 窓の（　　　　　）が割れています。

(2) 部屋の（　　　　　）にナイフがあります。

(3) ドアが（　　　　　て）います。そして、

　　木が（　　　　　て）います。

(4) 部屋の（　　　　　）にお金がたくさん

　　あります。

(5) （　　　　　）の中には何もありません。

じっせん

1 (　　　)に　なにを　いれますか。いちばん　いい　ものを　一つ　えらんで　ください。

(1) やまださんは　いつも　（　　　）で　じぶんの　かおを　見て　います。

　　a. えだ　　　　　　b. かがみ　　　　　　c. ガラス　　　　　　d. ひきだし

(2) へやの　カレンダーを　来年の　カレンダーに　（　　　）。

　　a. かけました　　　b. かざりました　　　c. とりかえました　　d. ひきました

2 ＿＿＿の　ぶんと　だいたい　おなじ　いみの　ぶんを　一つ　えらんで　ください。

(1) きっぷを　おとして　しまいました。

　　a. きっぷを　うちに　わすれて　しまいました。

　　b. きっぷが　よごれて　しまいました。

　　c. きっぷを　買う　ばしょが　わかりません。

　　d. きっぷが　どこかに　行って　しまいました。

(2) この　パソコンは　こわれて　います。

　　a. この　パソコンは　つかえません。

　　b. この　パソコンは　つかえます。

　　c. この　パソコンは　つくれません。

　　d. この　パソコンは　つくれます。

①	財布	**財布**を落としてしまいました。	wallet ví, bóp
②	品物	あの店の**品物**はいい物が多いです。	goods, things vật phẩm
③	値段	日本は果物の**値段**が高いです。	price giá, trị giá
④	ボーナス	今年は**ボーナス**をたくさんもらいました。	bonus tiền thưởng
⑤	平日	**平日**は買い物になかなか行けません。	weekday ngày thường
⑥	メモ（する）	買う物を**メモ**しておきました。	make a note ghi chú, ghi chép
⑦	開く（Ⅰ）	スーパーは朝10時に**開きます**。	open mở
⑧	売れる（Ⅱ）	きょうはケーキがたくさん**売れました**。	be sold, sell bán được
⑨	選ぶ（Ⅰ）	母にプレゼントを**選んで**います。	choose chọn, lựa
⑩	閉まる（Ⅰ）	デパートは午後8時に**閉まります**。	close đóng
⑪	なくす（Ⅰ）	カードを**なくしました**。	lose làm mất
⑫	足りる（Ⅱ）	お金が**足りません**でした。	be enough đủ, có đủ
⑬	見つける（Ⅱ）	きれいな色のシャツを**見つけました**。	find tìm thấy
⑭	むだ（な）	**むだな**ものを買わないでください。	useless, unnecessary, wasted vô ích, không cần thiết

かくにん

1 (1) このコンビニは、夜の12時でも、（　　　　　　て）いますから、便利です。

(2) わたしはスーパーで安くなっている（　　　　　）をよく買います。

(3) 買い物の（　　　　　）を書きましたが、家に忘れてしまいました。

(4) 魚を買うときは、新しい物を（　　　　　だ）ほうがいいです。

(5) 日曜日に店に行ったら、店が（　　　　　て）いて、買い物ができませんでした。

(6) （　　　　　）の中に60円しかありませんでした。

(7) パーティーができなくなりましたから、買っておいたパーティーの食べ物が

　　（　　　　　）になってしまいました。

(8) 金曜日は肉の（　　　　　）が安いですから、肉がよく（　　　　　て）います。

(9) デパートでカードを落としましたが、お店の人が（　　　　　て）くれました。

2 （　　　）に左ページの①～⑭のことばを書いてください。

スリーエー・スーパー買い物アプリ

無料 ★★★★☆　2,366件のレビュー

☆　欲しい物の名前を（a　　　　　）だけで、買い物の（b　　　　　）が作れる。

☆　スーパーに行かなくても、買いたい物の（c　　　　　）がわかる。

☆　今、安くなっている（d　　　　　）を教えてくれる。

3 いいほうを選んでください。

(1) きょうはスーパーが{　しまって・しめて　}いますから買い物ができません。

(2) お店の人がお店を早く{　あいて・あけて　}くれました。

(3) 暑いですから、きょうはアイスクリームがたくさん{　うりました・うれました　}。

（じっせん）

1 （　　　）に　なにを　いれますか。いちばん　いい　ものを　一つ　えらんで　ください。

(1) のみものが　（　　　）から　買って　きます。

　　a. あきません　　　　b. うれません　　　　c. しまりません　　　d. たりません

(2) （　　　）を　もらったら、新しい　くつが　買いたいです。

　　a. クリーニング　　　b. しなもの　　　　　c. ボーナス　　　　　d. ねだん

2 つぎの　ことばの　つかいかたで　いちばん　いい　ものを　一つ　えらんで　ください。

(1) へいじつ

　　a. この　お店は　へいじつは　5時ぐらいに　おわって　しまいます。

　　b. あしたは　この　お店の　へいじつですから　人が　たくさん　来ます。

　　c. この　お店は　おしょうがつも　へいじつで　休みが　ありません。

　　d. にちようびは　へいじつですから　この　お店は　休みです。

(2) なくす

　　a. この　トマトは　高いですから　100円　なくして　ください。

　　b. りんごを　買った　とき　お店の　人が　もう　一つ　なくして　くれました。

　　c. お金を　なくしてから　買った　ものを　かばんに　入れて　ください。

　　d. かいものに　行った　ときに　さいふを　なくして　しまいました。

①	こうぎ 講義	いしだせんせい こうぎ き 石田先生の**講義**を聞きました。	lecture bài giảng, giờ học
②	せき 席	ともだち となり せき すわ 友達の隣の**席**に座りました。	seat chỗ ngồi
③	しゅっせき 出席(する)	せんせい しゅっせき と 先生が**出席**を取りました。	attend có mặt, tham dự
④	へんじ 返事(する)	やまだ へんじ 山田さんが**返事**をしました。	reply trả lời
⑤	よしゅう 予習(する)	じゅぎょう よしゅう あしたの授業の**予習**をします。	prepare for a lesson soạn bài, chuẩn bị bài
⑥	ふくしゅう 復習(する)	よる かんじ ふくしゅう きのうの夜は、漢字の**復習**をしました。	review ôn tập
⑦	れんらく 連絡(する)	れんらく ナムさんから**連絡**がありましたか。	contact liên lạc
⑧	しっぱい 失敗(する)	しっぱい テストで**失敗**してしまいました。	fail thất bại
⑨	だ 出す(Ⅰ)	だ レポートを**出して**ください。 おお こえ だ 大きい声を**出さないで**ください。	give, hand in, produce, let out nộp, phát
⑩	う 受ける(Ⅱ)	えいご しけん う 英語の試験を**受けました**。 こうこう にほんご じゅぎょう う 高校で日本語の授業を**受けました**。	take (an examination, a class, etc.) tham dự (kì thi, tiết học...)
⑪	かよ 通う(Ⅰ)	がっこう かよ 学校にはバスで**通って**います。	go to and from, commute đi lại
⑫	いそ 急ぐ(Ⅰ)	さくぶん いそ か 作文を**急いで**書きました。	hurry khẩn trương, vội
⑬	ま あ 間に合う(Ⅰ)	がっこう はじ じかん ま あ 学校が始まる時間に**間に合いました**。	be in time kịp
⑭	おく 遅れる(Ⅱ)	じゅぎょう おく きょうは授業に**遅れて**しまいました。	be late trễ, muộn
⑮	まじめ(な)	たなか 田中さんはとても**まじめ**です。	serious chăm chỉ

かくにん

1 (1) 走ったら、授業の時間にまだ(　　　　　)ますよ。

(2) 学校を休むときは、学校に(　　　　　)してください。

(3) もう授業が始まっていますから、早く(　　　　　)についてください。

(4) 学校が家から遠かったです。毎日、1時間歩いて、(　　　　　て)いました。

(5) きのうは試験がありましたが、電車が40分も(　　　　　)ましたから、大変でした。

(6) 日曜日の夜は勉強しませんが、平日の夜は(　　　　　)に勉強します。

(7) 大学の(　　　　　)を聞きましたが、日本語がとても難しかったです。

(8) 初めに(　　　　　)を取りますから、大きい声で(　　　　　)をしてください。

(9) 7月の試験は(　　　　　)しましたから、12月にもう一度(　　　　　)たいです。

2 （　　　　）に左のページの①〜⑮のことばを書いてください。

┌───┐
学生授業アンケート　　　　　　　　　　　　　　　　名前 _____

　　学校の授業は楽しいですか。aかbを選んでください。

(1) a. いつも授業に（　　　　）します。　　　　b. よく授業を休みます。

(2) a. いちばん前の（　　　　）に座ります。　　b. うしろの（　　　　）でよく寝ています。

(3) a. 宿題はいつも先生に（　　　　）ます。　　b. 宿題をよく忘れます。

(4) a. 授業のまえに来ます。　　　　　　　　　　b. よく授業に（　　　　）ます。

(5) a. 学校で勉強したことを家で（　　　）します。　b. 家で勉強はしません。

　　aが5〜4個だった人　⇒　(6) あなたは（　　　）な学生です。
　　aが3〜2個だった人　⇒　　　あなたは普通の学生です。
　　aが1〜0個だった人　⇒　　　（あとで先生のところに来てください。）
└───┘

じっせん

1 （　　　　）に　なにを　いれますか。いちばん　いい　ものを　一つ　えらんで　ください。

(1) この　大学では、日本人と　りゅうがくせいが　いっしょに　じゅぎょうを　（　　　）。

　　a. べんきょうします　　b. しっぱいします　　c. うけます　　　　　　d. だします

(2) アルバイトを　しながら　学校に　（　　　）　人が　多いです。

　　a. かよって　いる　　　　　　　　　　　b. いそいで　いる

　　c. まに　あって　いる　　　　　　　　　d. おくれて　いる

2 ＿＿＿＿の　ぶんと　だいたい　おなじ　いみの　ぶんを　一つ　えらんで　ください。

(1) きょうかしょを　読んで　じゅぎょうの　よしゅうを　して　ください。

　　a. きょうかしょを　読んで　じゅぎょうの　あとに　べんきょうして　ください。

　　b. きょうかしょを　読んで　じゅぎょうの　ときに　べんきょうして　ください。

　　c. きょうかしょを　読んで　じゅぎょうの　まえに　べんきょうして　ください。

　　d. きょうかしょを　読んで　じゅぎょうの　間に　べんきょうして　ください。

(2) 9時に　じゅぎょうが　はじまりますから、いそぎましょう。

　　a. 9時に　じゅぎょうが　はじまりますから、ゆっくり　行きましょう。

　　b. 9時に　じゅぎょうが　はじまりますから、はやく　行きましょう。

　　c. 9時に　じゅぎょうが　はじまりますから、少し　べんきょうしましょう。

　　d. 9時に　じゅぎょうが　はじまりますから、もっと　べんきょうしましょう。

①	廊下（ろうか）	廊下（ろうか）を走（はし）ってはいけません。	corridor hành lang
②	音（おと）	隣（となり）の教室（きょうしつ）の音（おと）がうるさいです。	noise, sound âm thanh, tiếng động
③	規則（きそく）	この学校（がっこう）は規則（きそく）が多（おお）くて、大変（たいへん）です。	rule quy tắc
④	意見（いけん）	自分（じぶん）の意見（いけん）を言（い）ってください。	opinion ý kiến
⑤	注意（ちゅうい）（する）	先生（せんせい）はその学生（がくせい）を注意（ちゅうい）しました。 よく注意（ちゅうい）して、道（みち）を渡（わた）ります。	warn, pay attention nhắc nhở, chú ý, để ý
⑥	思（おも）い出（だ）す（Ⅰ）	漢字（かんじ）を思（おも）い出（だ）せませんでした。	remember nhớ ra
⑦	続（つづ）ける（Ⅱ）	試験（しけん）のあとも勉強（べんきょう）を続（つづ）けています。	continue tiếp tục
⑧	直（なお）す（Ⅰ）	壊（こわ）れた自転車（じてんしゃ）を直（なお）しました。 友達（ともだち）の作文（さくぶん）の日本語（にほんご）を直（なお）しました。	repair, correct sửa chữa, sửa lỗi
⑨	並（なら）べる（Ⅱ）	教室（きょうしつ）のうしろにいすを並（なら）べました。	arrange, line up sắp xếp
⑩	間違（まちが）える（Ⅱ）	簡単（かんたん）な問題（もんだい）を間違（まちが）えました。	mistake, make a mistake sai, nhầm
⑪	守（まも）る（Ⅰ）	先生（せんせい）との約束（やくそく）は守（まも）ってください。	keep, protect tuân thủ, bảo vệ
⑫	やめる（Ⅱ）	日本語（にほんご）の勉強（べんきょう）をやめたいです。	quit, stop bỏ cuộc, dừng lại
⑬	熱心（ねっしん）（な）	鈴木先生（すずきせんせい）は熱心（ねっしん）な先生（せんせい）です。	enthusiastic, avid nhiệt tình
⑭	無理（むり）（な）	N1はとても難（むずか）しいですから、まだ無理（むり）です。	impossible quá sức, quá khả năng
⑮	ずっと	日曜日（にちようび）はずっと家（いえ）にいました。 北海道（ほっかいどう）はずっと前（まえ）に行（い）きました。	the whole time, far suốt, mãi, rất lâu

かくにん

1 (1) 学校（がっこう）の（　　　　　）は守（まも）らなければなりません。

(2) わたしが書（か）いた日本語（にほんご）の手紙（てがみ）を先生（せんせい）が（　　　　　て）くれました。

(3) きょうは、丸（まる）く机（つくえ）を（　　　　　て）、授業（じゅぎょう）をしました。

(4) サイさんがうるさかったですから、先生（せんせい）が（　　　　　）しました。

(5) この漢字（かんじ）は（　　　　　）前（まえ）に勉強（べんきょう）しました。

(6) 授業（じゅぎょう）が始（はじ）まりますから、話（はなし）を（　　　　　て）ください。

(7) わたしは大学（だいがく）を受（う）けたいんですが、（　　　　　）でしょうか。

(8) テストのとき、漢字（かんじ）をたくさん（　　　　　）ましたから、テストが悪（わる）かったです。

(9) 学生（がくせい）のときの写真（しゃしん）を見（み）ると、先生（せんせい）や友達（ともだち）のことを（　　　　　）ます。

2（　　　　）に左のページの①〜⑮のことばを書いてください。

(1)（　　　）を走るな。　　(2) 車に（　　　）　　(3) 傘を（　　　）な。

(4) 大きい（　　　）を出すな。　(5) 時間を（　　　）う。　(6) ごみのポイ捨て*は（　　　）よう。

＊ごみのポイ捨て…littering　xả rác

じっせん

1（　　　）に　なにを　いれますか。いちばん　いい　ものを　一つ　えらんで　ください。

(1) わたしと　やまだくんは　（　　　）が　ぜんぜん　ちがいます。

　　a. いけん　　　　　　b. きそく　　　　　　c. ちゅうい　　　　　d. むり

(2) パソコンを　（　　　）と、レポートが　書けません。

　　a. おもいださない　　b. なおさない　　　　c. まもらない　　　　d. まちがえない

2つぎの　ことばの　つかいかたで　いちばん　いい　ものを　一つ　えらんで　ください。

(1) ねっしん

　　a. <u>ねっしん</u>な　リュウさんが　わたしに　ペンを　かして　くれました。

　　b. リンさんは　きのうの　よるから　<u>ねっしん</u>に　さくぶんを　書いて　います。

　　c. オウさんは　学校が　おわると　<u>ねっしん</u>に　いえに　かえります。

　　d. シュウさんは　きのうから　<u>ねっしん</u>で　学校を　休んでいます。

(2) つづける

　　a. みなさん　いっしょに　話しますから　いすを　<u>つづけて</u>　ください。

　　b. きょう　先生から　さくぶんの　しゅくだいを　<u>つづけました</u>。

　　c. ヒエンさんは　よるの　12時まで　かんじの　れんしゅうを　<u>つづけて</u>　いました。

　　d. 先生から　電話を　<u>つづけた</u>　ときは　わたしにも　おしえて　ください。

①	月 (つき)	山の上に**月**が出ていました。	moon mặt trăng
②	教会 (きょうかい)	家の近くに大きな**教会**があります。	church nhà thờ
③	景色 (けしき)	ここは**景色**がとてもきれいですね。	view phong cảnh
④	緑 (みどり)	わたしが好きな色は**緑**です。 この町は**緑**が多いです。	green, greenery màu xanh, cây xanh
⑤	南 (みなみ)	この町の**南**に川があります。	south phía nam
	⭐ 日本の 北／東／西 (にほんの きた／ひがし／にし)		north, east, west hướng bắc, hướng đông, hướng tây
⑥	形 (かたち)	あの建物は**形**がおもしろいですね。	shape hình dạng
⑦	込む（Ⅰ）(こむ)	道がとても**込ん**でいました。	be busy/crowded đông đúc
⑧	すく（Ⅰ）	このお店はいつも**すい**ています。	be empty/not crowded vắng vẻ, trống vắng
⑨	晴れる（Ⅱ）(はれる)	大阪は、明日は**晴れる**でしょう。	be clear/fine trời nắng đẹp, quang đãng
⑩	曇る（Ⅰ）(くもる)	冬は空が**曇っ**ていることが多いです。	become cloudy trời mây, âm u
⑪	やむ（Ⅰ）	東京は、午後には雨が**やむ**でしょう。	stop ngừng, tạnh (mưa, gió...)
⑫	続く（Ⅰ）(つづく)	京都では、先週からずっと雨が**続い**ています。	continue tiếp tục
⑬	建てる（Ⅱ）(たてる)	うちの隣で新しい家を**建て**ています。	build xây dựng
⑭	はっきり	きょうは富士山が**はっきり**見えます。	clearly rõ ràng

かくにん

1 (1) 去年、田中さんは京都に家を（　　　　　）ました。

(2) わたしはこの町の（　　　　　）で結婚式をしました。

(3) この部屋の窓の外の（　　　　　）はすばらしいです。

(4) （　　　　て）いると、ここから東京スカイツリーが（　　　　　）見えます。

(5) この辺は、おもしろい（　　　　　）の家が多いですね。

(6) 午後は（　　　　　）からの風が強くなるでしょう。

(7) 今はまだ（　　　　て）いますが、午後はいい天気になると思います。

(8) 風は（　　　　　）ましたが、雨はまだ少し降っています。

(9) ここから山の上まで、階段が（　　　　て）います。

2 (　　　)に左のページの①〜⑭のことばを書いてください。

新宿区の7月7日のお天気

時間	0時	3時	6時	9時	12時	15時	18時	21時	24時
天気	☁	☁	☁	☁	🌂	🌂	☁	🌙	🌙
℃	15	15	18	23	20	20	19	18	16

(1) 午前中は、(　　　　　て)いるでしょう。

(2) 12時ごろから15時ごろまで、雨が(　　　　　)でしょう。

(3) 18時ごろに雨が(　　　　　)でしょう。

(4) 21時ごろから(　　　　　)でしょう。(　　　　　)も見られるでしょう。

(じっせん)

1 (　　　)に なにを いれますか。いちばん いい ものを 一つ えらんで ください。

(1) 道が (　　　) から はやく いえに つきました。

　a. くもって いました　b. すいて いました　c. たてて いました　d. やんで いました

(2) この こうえんには (　　　) が たくさん あります。

　a. かたち　　　　　b. けしき　　　　　c. みどり　　　　　d. みなみ

2 ＿＿＿の ぶんと だいたい おなじ いみの ぶんを 一つ えらんで ください。

(1) きょうは はれて います。

　a. きょうは 雨です。

　b. きょうは くもりです。

　c. きょうは かぜが つよいです。

　d. きょうは 天気が いいです。

(2) その レストランは とても こんで いました。

　a. その レストランは とても りょうりが おいしかったです。

　b. その レストランは とても 人が 多かったです。

　c. その レストランは とても ねだんが 高かったです。

　d. その レストランは とても 駅から とおかったです。

1. （　）に　なにを　いれますか。1・2・3・4から　いちばん　いい　ものを　ひとつ
   えらんで　ください。

1 わたしの　いえの　エアコンが（　　）。

　　1 おくれました　　　2 おれました　　　　3 こわれました　　4 われました

2 あの　人は（　　）が　きれいですね。

　　1 あじ　　　　　　　2 おと　　　　　　　3 こえ　　　　　　4 ゆめ

3 車の（　　）が　とまって　しまいました。

　　1 エンジン　　　　　2 ガス　　　　　　　3 ガラス　　　　　4 ボーナス

4 じゅぎょうの　まえの（　　）が　とても　たいせつです。

　　1 しゅっせき　　　　2 つごう　　　　　　3 よしゅう　　　　4 よてい

5 ぜんぶ　食べて　しまいましたから、おかしは　もう（　　）。

　　1 あいて　いません 2 こんで　いません 3 かけて　いません 4 のこって　いません

6 かわぐち先生は（　　）人です。

　　1 すばらしい　　　　2 ふべんな　　　　　3 むだな　　　　　4 むりな

7 しゅくだいを　する　時間は（　　）あると　おもいますよ。

　　1 かんたんに　　　　2 じゅうぶんに　　　3 ざんねんに　　　4 ねっしんに

2. ＿＿の　ぶんと　だいたい　おなじ　いみの　ぶんが　あります。1・2・3・4から
   いちばん　いい　ものを　ひとつ　えらんで　ください。

1 きょうは　ずっと　本を　読んで　いました。

　　1 きょうは　ひるまで　本を　読んで　いました。

　　2 きょうは　ときどき　本を　読んで　いました。

　　3 きょうは　長い　時間　本を　読んで　いました。

　　4 きょうは　少し　本を　読んで　いました。

2 <u>タクシーで 来ましたから、しごとの 時間に まに あいました。</u>

1 タクシーで 来ましたから、しごとが はじまった あとで つきました。

2 タクシーで 来ましたから、しごとが はじまる まえに つきました。

3 タクシーで 来ましたから、しごとが おわった あとで つきました。

4 タクシーで 来ましたから、しごとが おわる まえに つきました。

3. つぎの ことばの つかいかたで いちばん いい ものを 1・2・3・4から
   ひとつ えらんで ください。

1 はっきり

1 とても おいしい りょうりでしたから、<u>はっきり</u> 食べました。

2 じぶんが かんがえて いる ことを <u>はっきり</u> 言った ほうが いいです。

3 いえで パーティーを しますから、<u>はっきり</u> 来て ください。

4 じぶんが きらいな たべものを <u>はっきり</u> 食べた ほうが いいです。

2 うける

1 あの 先生の じゅぎょうを <u>うけたいです。</u>

2 たんじょうびに 友だちから 花を <u>うけました。</u>

3 子どもたちの うたを <u>うけて</u>、たのしかったです。

4 しらない 女の 人から てがみを <u>うけました。</u>

3 ちゅうい

1 じぶんが おもった ことを さくぶんに <u>ちゅういして</u> ください。

2 友だちと 話さないで、べんきょうに <u>ちゅういして</u> ください。

3 あたらしい 友だちを 先生に <u>ちゅういして</u> ください。

4 まどが われて いますから、ガラスに <u>ちゅういして</u> ください。

①	祖父	わたしの**祖父**は80歳です。	grandfather ông
②	祖母	**祖母**は料理が上手です。	grandmother bà
③	おば（さん）	**おば**は東京に住んでいます。	aunt bác gái, cô
④	おじ（さん）	**おじ**は高校の先生です。	uncle bác trai, chú
⑤	お子さん	**お子さん**は何歳ですか。	(someone's) child trẻ con (của người khác)
⑥	赤ちゃん	姉に**赤ちゃん**が生まれました。	baby trẻ sơ sinh, em bé
⑦	お宅	先生の**お宅**に行きました。	(someone's) house nhà (của người khác)
⑧	気持ち	楽しい**気持ち**になりました。	feeling cảm giác, cảm tình
⑨	お祝い	友達に結婚の**お祝い**をあげました。	congratulatory gift sự chúc mừng, quà mừng
⑩	安心（する）	電話をもらって、**安心**しました。	feel relief an tâm
⑪	褒める（Ⅱ）	わたしは父に**褒め**られました。	praise khen
⑫	びっくりする（Ⅲ）	話を聞いて、**びっくり**しました。	be surprised ngạc nhiên, kinh ngạc
⑬	育てる（Ⅱ）	姉は子どもを**育て**ています。	bring up, grow nuôi, trồng
⑭	親切（な）	山田さんは**親切な**人です。	kind thân thiết

かくにん

1 (1) 日曜日、社長の（ 　　　　）に行きました。とても大きい家でした。

(2) 庭で、野菜を（ 　　　　て）います。

(3) 誕生日の（ 　　　　）に、父が自転車を買ってくれました。

(4) 去年、この動物園でパンダの（ 　　　　）が生まれました。

(5) 母の元気な声を聞いて、（ 　　　　）しました。

(6) 切符の買い方がわからなかったとき、（ 　　　　）人が教えてくれました。

(7) 大きい音がしたので、（ 　　　　て）、かばんを落としてしまいました。

(8) 先生が、わたしの作文を（ 　　　　て）くれました。

(9) 知っている人がだれもいなくて、寂しい（ 　　　　）になりました。

2 (　　　)に＿＿＿のことばと同じ意味のことばを、書いてください。

例1) あれは、わたしの兄弟（男・年が下）です。　…（　　**弟**　　）

例2) あれは、田中さんのお父さんのお母さんです。　…（　**おばあさん**　）

(1) あれは、わたしの父の父です。　　　　…（　　　　　）

(2) あれは、わたしの母の母です。　　　　…（　　　　　）

(3) あれは、わたしの母の兄です。　　　　…（　　　　　）

(4) あれは、わたしの母の妹です。　　　　…（　　　　　）

(5) あれは、わたしの父の弟です。　　　　…（　　　　　）

(6) あれは、田中さんの子どもです。　　　…（　　　　　）

じっせん

1 (　　　)に なにを いれますか。いちばん いい ものを 一つ えらんで ください。

(1) サルの (　　　)が、バナナを 食べて います。

　　a. おば　　　　　　b. お子さん　　　　c. おじ　　　　　　d. あかちゃん

(2) ドアを あけたら、大きな いぬが 出て きて、(　　　)しました。

　　a. あんしん　　　　b. しょうかい　　　c. びっくり　　　　d. れんらく

2 つぎの ことばの つかいかたで いちばん いい ものを 一つ えらんで ください。

(1) おいわい

　　a. りょこうの おいわいに ゆうめいな おかしを もらいました。

　　b. うちの ちかくの スーパーで、ばんごはんの おいわいを 買いました。

　　c. 友だちに りんごを もらったので、おいわいに チョコレートを あげました。

　　d. むすめの たんじょうびの おいわいに、ふくを 買って あげました。

(2) しんせつ

　　a. わたしの 母の りょうりは しんせつな あじが します。

　　b. きのう しんせつな 人が 道を おしえて くれました。

　　c. 父は しんせつな 人なので、大きな こえを 出しません。

　　d. わたしは しんせつですから、かぞくが しんぱいです。

20課 趣味⑤

①	りょかん 旅館	有名な**旅館**に泊まりました。	Japanese style inn lữ quán, nhà trọ
②	ラッシュ	**ラッシュ**の電車に乗りました。	rush-hour giờ cao điểm
③	みなと 港	船が**港**に着きました。	port cảng
④	むら 村	この**村**に古いお寺があります。	village làng
⑤	しま 島	日本には、**島**がたくさんあります。	island đảo
⑥	かいがん 海岸	**海岸**を散歩しました。	shore, coast bờ biển
⑦	てんきよほう 天気予報	**天気予報**を見てみましょう。	weather forecast dự báo thời tiết
⑧	かいじょう 会場	パーティーの**会場**に着きました。	venue hội trường
⑨	しゅっぱつ 出発（する）	飛行機は8時半に**出発します**。	depart xuất phát
⑩	ハイキング（する）	山で**ハイキング**をしました。	hike đi bộ đường dài
⑪	とお 通る（Ⅰ）	たくさんの車がこの道を**通ります**。	pass chạy (tàu, xe), đi qua
⑫	さそ 誘う（Ⅰ）	友達を旅行に**誘いました**。	invite rủ rê
⑬	うつく 美しい	窓から**美しい**景色が見えます。	beautiful đẹp đẽ
⑭	ひつよう 必要（な）	旅行にお金が**必要**です。	necessary cần thiết
⑮	とくべつ 特別（な）	**特別な**料理を食べました。	special đặc biệt

かくにん

1 (1) （　　　　　　）によると、あしたは雨です。

(2) 夕方、（　　　　　　）の電車に乗って、疲れてしまいました。

(3) きのう泊まった（　　　　）の窓から（　　　　）山が見えました。

(4) コンサートの（　　　　　）に入るために、チケットが（　　　　）です。

(5) 土曜日は、友達と山へ（　　　　　）に行くことになりました。

(6) いつも、この道を（　　　　て）、学校へ行きます。

(7) もうすぐバスが（　　　　）します。

(8) この電車には、お風呂があります。
　　（　　　　　）電車です。

2 いいほうを選んでください。

〈沖縄の旅行〉

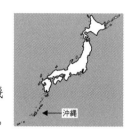

先週、家族と沖縄を旅行しました。沖縄は日本の南にある {a　しま・むら　} です。金曜日に東京から沖縄まで飛行機で行きました。飛行機は、午後3時ごろに、沖縄の {b　くうこう・みなと　} に着きました。そこから {c　りょかん・りょけん　} へタクシーで行きました。夕方、{d　かいかん・かいがん　} を {e　ハイキング・さんぽ　} しました。土曜日は、{f　みなと・えき　} から船に乗って、近くの小さい（　a　）へ行きました。楽しかったです。家族と旅行をするのは初めてでした。ですから、これは {g　とくべつな・ひつような　} 旅行になりました。

じっせん

1（　　　）に　なにを　いれますか。いちばん　いい　ものを　一つ　えらんで　ください。

(1)（　　　）に　ふねが　たくさん　とまって　います。

　a. くうこう　　　　　b. むら　　　　　　c. えき　　　　　　d. みなと

(2) 今、そうじを　して　いますから、ここを　（　　　）で　ください。

　a. とおらない　　　　b. しゅっぱつしない　c. のらない　　　　d. ハイキングしない

2 つぎの　ことばの　つかいかたで　いちばん　いい　ものを　一つ　えらんで　ください。

(1) ひつよう

　a. イタリアを　りょこうする　ために、お金が　ひつようです。

　b. ここは　電車が　ないので、車の　ひつようが　高いです。

　c. タイの　カレーは、からくて、ひつような　あじが　します。

　d. びじゅつかんに　行く　とき、ひつような　じゅんびは　いりません。

(2) さそう

　a. にちようび、川で　父と　魚を　さそって　とりました。

　b. なつやすみは、友だちを　さそって、山に　のぼりたいです。

　c. ゆうこさんは、やまださんと　りょこうしたと　さそって　いました。

　d. だれかの　さいふを　さそって、こうばんに　もって　いきました。

①	タオル	**タオル**を洗いました。	towel khăn
②	冷房	**冷房**をつけてください。	air conditioner máy lạnh
③	暖房	**暖房**を消しました。	heating máy sưởi
④	手袋	寒いので、**手袋**をします。	gloves găng tay
⑤	表	この服はどちらが**表**ですか。	front mặt trước
⑥	裏	紙の**裏**と表を間違えました。	back mặt sau
⑦	カーテン	**カーテン**を開けてください。	curtain rèm cửa
⑧	習慣	手を洗うことを**習慣**にしています。	habit, custom thói quen
⑨	磨く（Ⅰ）	もう、歯を**磨きました**か。	brush (one's teeth) đánh (đánh răng)
⑩	困る（Ⅰ）	財布をなくして、**困って**います。	be in trouble khó khăn
⑪	気がつく（Ⅰ）	忘れ物に**気がつきました**。	notice nhận ra, nhớ ra
⑫	さす（Ⅰ）	雨なので、傘を**さします**。	open (an umbrella) che ô, dù
⑬	慣れる（Ⅱ）	日本の生活に、もう**慣れました**か。	be used to quen với
⑭	つける（Ⅱ）	パンにバターを**つけます**。	spread, put chấm, quệt

かくにん

1 (1) 朝ごはんのあとで、歯を（　　　　　）ことを（　　　　　）にしています。

(2) すしにしょうゆを（　　　　　て）食べました。

(3) 料理を作ることに（　　　　　て）いないので、時間がかかります。

(4) 暑いので、（　　　　　）をつけましょう。

(5) シャワーのあと、この（　　　　　）を使ってください。

(6) お金がなくて（　　　　　て）いるとき、山田さんが貸してくれました。

(7) 外から家の中が見えますから、（　　　　　）を閉めてください。

(8) 紙の（　　　　　）と（　　　　　）に書いてあることを全部読んでください。

(9) 冬は寒いので、（　　　　　）にお金がかかります。

2 いいほうを選んでください。

(1) { くつした・てぶくろ } をはきます。　(2) 毎日の勉強を習慣に { つけます・します }。

(3) 傘を { あけます・さします }。　(4) 歯を { みがきます・あらいます }。

3 (　　　) にことばを書いてください。

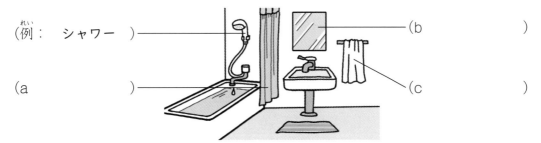

(例：　シャワー　) —

(b　　　　　　　)

(a　　　　　　) —

(c　　　　　　　)

（じっせん）

1 (　　　) に　なにを　いれますか。いちばん　いい　ものを　一つ　えらんで　ください。

(1) たなかさんが　いない　ことに　気が　(　　　)。

　　a. さしました　　　b. たちました　　　c. つきました　　　d. なれました

(2) たまごに　しおを　(　　　)　食べます。

　　a. なれて　　　　　b. つけて　　　　　c. さして　　　　　d. みがいて

2 つぎの　ことばの　つかいかたで　いちばん　いい　ものを　一つ　えらんで　ください。

(1) うら

　　a. ゆうこさんの　うらに　たなかさんが　立って　います。

　　b. しゃしんの　うらに　名前を　書いて　おきます。

　　c. 手の　うらに　けがを　して　しまいました。

　　d. あねの　おなかの　うらに　あかちゃんが　います。

(2) こまる

　　a. となりの　へやの　おとが　うるさくて　こまって　います。

　　b. つめたい　かぜが　出なくて　エアコンが　こまって　います。

　　c. ゆきが　たくさん　ふって　いて　道が　こまって　います。

　　d. わたしは　30分も　やまださんを　こまって　います。

①	（お）米	スーパーで**お米**を買いました。	rice gạo
②	チーズ	わたしは**チーズ**が好きです。	cheese phô mai
③	ソース	肉に**ソース**をかけて食べます。	sauce nước sốt
④	水道	きょうは、**水道**の水が出ません。	tap nước máy
⑤	温度	お風呂のお湯の**温度**が高いです。	temperature nhiệt độ
⑥	デート（する）	山田さんと**デート**しました。	date, go on a date hẹn hò
⑦	焼ける（Ⅱ）	おいしいパンが**焼け**ました。	be baked/roasted nướng
⑧	上げる（Ⅱ）	エアコンの温度を**上げて**ください。	increase nâng lên, tăng lên
⑨	下げる（Ⅱ）	店の品物の値段を**下げ**ました。	reduce, lower hạ xuống
⑩	合う（Ⅰ）	靴のサイズが**合って**いません。 この服には、黒い靴が**合い**ます。	fit, match hợp, vừa
⑪	太る（Ⅰ）	ちょっと**太って**しまいました。	get fat mập lên
⑫	やせる（Ⅱ）	もう少し**やせ**たいです。	get thin gầy đi
⑬	固い	この肉は、ちょっと**固い**ですね。	tough, hard cứng
⑭	やわらかい	**やわらかい**ベッドで寝ました。	soft, tender êm, mềm
⑮	苦い	この薬は**苦い**ので、飲みたくないです。	bitter đắng

かくにん

1 (1) 毎日ケーキを食べていたので、（　　　　　て）しまいました。

(2) 病気でごはんが食べられなかったので、３キロ（　　　　　て）しまいました。

(3) スカートと色が（　　　　　）ないので、違うシャツにします。

(4) （　　　　　）の水で、よく手を洗ってください。

(5) おにぎりを作ろうと思いましたが、（　　　　　）がありませんでした。

(6) 寒いので、暖房の（　　　　　）を（　　　　　）ましょう。

(7) この肉はよく（　　　　　て）いなくて、中が赤いです。

(8) （　　　　　）は牛乳から作られます。

(9) この肉は（　　　　　て）、とてもおいしいです。

2 ☐☐☐の中からいいものを選んでください。

(1) コーヒーが（　　　　　）ので、ミルクを入れます。

(2) このケーキは、砂糖がたくさん入っていて、（　　　　　）です。

(3) （　　　　　）カレーを食べたら、水が飲みたくなりました。

```
あまい　　からい　　にがい
```

3 いいものを一つ選んでください。

(1) 肉に｛ ソス・ソース・ソスー ｝をかけます。

(2) 彼女と｛ デト・デート・デット ｝します。

(3) ｛ チズ・チーズ・チッズ ｝を切って、食べます。

（じっせん）

1 （　　　）に　なにを　いれますか。いちばん　いい　ものを　一つ　えらんで　ください。

(1) はが　いたくて、（　　　）ものしか　食べられません。

　　a. おもしろい　　　　b. やわらかい　　　　c. かたい　　　　　　d. にがい

(2) あついですね。エアコンの　おんどを　（　　　）か。

　　a. さげましょう　　b. つけましょう　　c. やけましょう　　d. あげましょう

2 つぎの　ことばの　つかいかたで　いちばん　いい　ものを　一つ　えらんで　ください。

(1) かたい

　　a. やまださんは　いつも　かたく　はたらいて　います。

　　b. 一人は　ときどき　かたくても、けっこんしたくないです。

　　c. ホテルの　ベッドが　かたくて、よく　ねられませんでした。

　　d. この　コーヒーは　とても　かたくて、ぜんぶ　飲めません。

(2) ふとる

　　a. この　ぎゅうにくは　やわらかくて、ふとって　います。

　　b. わたしの　じしょは　ページが　多くて、ふとって　います。

　　c. うちの　にわの　木は　大きくて、ふとって　います。

　　d. たなかさんの　ねこは　大きくて、ふとって　います。

①	たいふう 台風	もうすぐ**台風**が来ます。	typhoon bão
②	じしん 地震	けさ、**地震**がありました。	earthquake động đất
③	かじ 火事	近くで**火事**がありました。	fire hỏa hoạn
④	どろぼう 泥棒	うちに**泥棒**が入りました。	thief, burglar kẻ trộm
⑤	じこ 事故	電車の**事故**がありました。	accident tai nạn
⑥	けいさつ 警察	きのう、**警察**に行きました。	police station, police đồn cảnh sát, cảnh sát
⑦	けんか（する）	弟と**けんかして**しまいました。	argue, fight cãi nhau, đánh nhau
⑧	み 見つかる（Ⅰ）	財布が**見つかりません**。	be found tìm thấy, tìm ra
⑨	たお 倒れる（Ⅱ）	あそこに人が**倒れて**います。	collapse, fall over ngất, đổ, ngã
⑩	に 逃げる（Ⅱ）	鳥が**逃げて**しまいました。	escape, run away chạy trốn, tẩu thoát
⑪	ふ 踏む（Ⅰ）	だれかに足を**踏まれ**ました。	step on dẫm, đạp lên
⑫	なお 直る（Ⅰ）	パソコンが**直り**ました。	be fixed sửa chữa
⑬	お 起こる（Ⅰ）	問題が**起こり**ました。	occur xảy ra
⑭	かな 悲しい	猫がいなくなって**悲しい**です。	sad buồn bã, đau thương
⑮	このごろ	妹は**このごろ**元気がないです。	these days thời gian gần đây

かくにん

1 (1) 車の（　　　　　　）で、けがをしました。

(2) （　　　　　　　）、駅の前でギターを弾いている人をよく見ます。

(3) 大きな声を出したら、男は走って（　　　　　　）ました。

(4) 風が強くて、自転車が（　　　　　　て）しまいました。

(5) 大変です！ 困ったことが（　　　　　　）ました。

(6) なくしたかぎが（　　　　　　）ません。

(7) 夫と（　　　　　　）して、きのうから何も話していません。

(8) だれかに足を（　　　　　　）ました。痛かったです。

(9) うちの犬が死んでしまって、（　　　　　　）です。

2 (　　　) に左のページの①〜⑮のことばを書いてください。

(1) (　　　　　) が来る　　(2) (　　　　　) から逃げる　　(3) (　　　　　) が起こる

(4) (　　　　　) が入る　　(5) (　　　　　) する　　(6) (　　　　　) を呼ぶ

じっせん

1 (　　　) に なにを いれますか。いちばん いい ものを 一つ えらんで ください。

(1) とりが (　　　)、どこかへ 行って しまいました。

　　a. にげて　　　　　　b. なおって　　　　　c. ふんで　　　　　　d. たおれて

(2) 車の (　　　) が あって、道が こんで います。

　　a. かじ　　　　　　　b. じしん　　　　　　c. たいふう　　　　　d. じこ

2 ＿＿＿の ぶんと だいたい おなじ いみの ぶんを 一つ えらんで ください。

(1) この パソコンは なおりません。

　　a. この パソコンは まだ なおしません。

　　b. この パソコンは 今は かたづけません。

　　c. この パソコンは まだ つかえます。

　　d. この パソコンは 今も こわれて います。

(2) へやの かぎは 見つかりませんでした。

　　a. へやの かぎは 見て いませんでした。

　　b. へやの かぎは もって いませんでした。

　　c. へやの かぎは さがしても ありませんでした。

　　d. へやの かぎは 見えませんでした。

24課 買い物③

①	（お）客／お客さん	お客さんが来ました。	guest, customer khách hàng
②	大勢	店の中に大勢のお客がいます。	great number of people nhiều, đông (dùng chỉ người)
③	指輪	指輪を買いました。	ring nhẫn
④	傷	このりんごは傷がついています。	bruise, flaw vết xước
⑤	近所	近所の店で買い物をします。	neighborhood hàng xóm, gần đây
⑥	レジ	レジでお金を払います。	cash register quầy thanh toán
⑦	レシート	レジでレシートをもらいます。	receipt hóa đơn
⑧	店員	あそこに店員さんがいます。	salesperson nhân viên quán
⑨	チャンス	パソコンを買うなら、今がチャンスです。	good chance cơ hội tốt
⑩	輸出（する）	日本は車を外国に輸出しています。	export xuất khẩu
⑪	輸入（する）	外国から肉を輸入しています。	import nhập khẩu
⑫	開く（Ⅰ）	このボタンを押すと、ドアが開きます。 誕生日に家でパーティーを開きます。	open, hold mở
⑬	運ぶ（Ⅰ）	車で荷物を運びました。	carry mang, vác
⑭	うれしい	いい物が安く買えて、うれしいです。	happy, pleased vui mừng, hạnh phúc

かくにん

1 (1) うちの（　　　　）にスーパーがあります。

(2) ゆうこさんは、左の手に（　　　　）をしています。

(3) お米の売り場がわからないので、（　　　　）さんに聞いてみましょう。

(4) いい物が安く買えたので、とても（　　　　）です。

(5) ここから車の中へ荷物を（　　　　）ましょう。

(6) レストランに、（　　　　）がたくさん入ってきました。

(7) このスーパーは安いので、いつも客が（　　　　）います。

(8) この机は、小さい（　　　　）があるので、値段が安くなっています。

(9) この会社は、日本から外国へ車を（　　　　）しています。

2 ( ) に左のページの①〜⑭のことばを書いてください。

(1) (a) が買う物を持って、(b) へ行きます。

(2) (b) でお金を払って、お釣りと(c) をもらいます。
お金を払ってドアの前に行くと、ドアが(d) ます。

じっせん

1 ( ) に なにを いれますか。いちばん いい ものを 一つ えらんで ください。

(1) おさいふに お金が 少ししか ありません。足りるか どうか、( ) です。

  a. うれしい   b. かなしい   c. しんぱい   d. あんしん

(2) ( ) を よく 見たら、てんいんが おつりを まちがえて いました。

  a. レシート   b. ラッシュ   c. チャンス   d. サービス

2 つぎの ことばの つかいかたで いちばん いい ものを 一つ えらんで ください。

(1) ゆにゅう

  a. コップを なんこ 買うか、コンピューターに ゆにゅうしました。

  b. お金を はらって、バッグの 中に さいふを ゆにゅうしました。

  c. この ぎゅうにくは アメリカから ゆにゅうされた ものです。

  d. しなものは はこに 入れて、車の 中に ゆにゅうしました。

(2) おおぜい

  a. あの スーパーでは、おおぜいの おこめを うって います。

  b. わたしは その 店で おおぜいの ものを 買いました。

  c. その スーパーでは おおぜいの 人が はたらいて います。

  d. おなかが すいて いたので、おおぜいの カレーを 食べました。

①	小学校 しょうがっこう	家の近くに**小学校**があります。 いえ ちか しょうがっこう	primary school trường tiểu học, cấp 1
②	中学校／中学 ちゅうがっこう ちゅうがく	来年、息子は**中学校**に入ります。 らいねん むすこ ちゅうがっこう はい	junior high school trường trung học, cấp 2
③	歴史 れきし	日本の**歴史**について知りたいです。 にほん れきし し	history lịch sử
	★ 英語／数学／社会／地理 を勉強します。 えいご すうがく しゃかい ちり べんきょう		english, mathematics, society, geography anh ngữ, toán học, xã hội học, địa lý
④	文法 ぶんぽう	日本語の**文法**は難しくないです。 にほんご ぶんぽう むずか	grammar văn phạm
⑤	水泳 すいえい	授業で**水泳**を習いました。 じゅぎょう すいえい なら	swimming bơi lội
⑥	参加（する） さんか	きょうの勉強会に**参加**します。 べんきょうかい さんか	take part tham gia
⑦	しかる（Ⅰ）	先生に**しかられ**ました。 せんせい	tell off la mắng
⑧	確かめる（Ⅱ） たし	忘れ物がないか、**確かめ**ます。 わす もの たし	check kiểm tra, xác nhận
⑨	正しい ただ	この中で、**正しい**答えはどれですか。 なか ただ こた	correct đúng, chính xác
⑩	恥ずかしい は	**恥ずかしくて**、顔が赤くなりました。 は かお あか	embarrassed ngại ngùng
⑪	詳しい くわ	この本に**詳しい**説明があります。 ほん くわ せつめい	detailed chi tiết
⑫	複雑（な） ふくざつ	**複雑な**漢字を覚えるのは大変です。 ふくざつ かんじ おぼ たいへん	complicated, mixed up phức tạp
⑬	必ず かなら	**必ず**、宿題をやってきてください。 かなら しゅくだい	surely, certainly nhất định, chắc chắn
⑭	できるだけ	**できるだけ**、がんばります。	as much as possible hết mức có thể
⑮	がっかり（する）	テストが全然できなくて、**がっかり**しました。 ぜんぜん	be disappointed thất vọng

かくにん

1 (1) この学校は100年まえに作られました。長い（　　　　　）がある学校です。
がっこう ねん つく なが がっこう

(2) 学校のプールで（　　　　　）をしました。
がっこう

(3) 宿題を忘れて、先生に（　　　　　）ました。
しゅくだい わす せんせい

(4) テストがあるので、漢字を（　　　　　）たくさん覚えました。
かんじ おぼ

(5) 日本語の（　　　　　）は簡単ですが、漢字を覚えるのが大変です。
にほんご かんたん かんじ おぼ たいへん

(6) わたしは土曜日のハイキングに（　　　　　）するつもりです。
どようび

(7) この本は説明が（　　　　　）ので、よくわかります。
ほん せつめい

(8) 答えが（　　　　　）かどうか、うしろのページで（　　　　　て）ください。
こた

(9) 息子は入りたかった学校に入れなくて、（　　　　　）しています。
むすこ はい がっこう はい

2 （　　　　）にことばを書いてください。

〈日本の学校〉

7歳～12歳　　　　13歳～15歳　　　　16歳～　　　　　19歳～

（a　　　　）　　　（b　　　　）　　　（c　　　　）　　（　大学　）

　日本の子どもは7歳になる年の春に（　a　）に入ります。そして、13歳から（　b　）に入ります。そのあと、たくさんの人が（　c　）に入ります。（　c　）のあと、大学に入る人も多いです。

じっせん

1 （　　　　）に なにを いれますか。いちばん いい ものを 一つ えらんで ください。

(1) 友だちの かれを すきに なって しまって、（　　　　）きもちです。

　　a. ふくざつな　　　　b. がっかりした　　　c. くわしい　　　　　d. ただしい

(2) わすれものが ないか、もう いちど（　　　　）。

　　a. たしかめました　　b. さんかしました　　c. しかりました　　　d. ほめました

2 つぎの ことばの つかいかたで いちばん いい ものを 一つ えらんで ください。

(1) かならず

　　a. 毎日 いそがしくて、たなか先生は かならず つかれて いるでしょう。

　　b. あしたは かならず この ノートを 学校に もって きて くださいね。

　　c. もりくんは びょうきです。きょうは かならず 来ないと おもいます。

　　d. しゅくだいを わすれたら、先生に かならず ちゅういされるかも しれません。

(2) はずかしい

　　a. きのうの よる、あまり よく ねられなかったので、きょうは はずかしかった。

　　b. 学校から かえる とき、道に 大きな いぬが いて、はずかしかった。

　　c. いつも しずかな あの 人が 大きな こえを 出したので、はずかしかった。

　　d. じゅぎょうの とき、かんたんな しつもんに こたえられなくて、はずかしかった。

①	ボランティア	掃除のボランティアに参加します。	volunteer tình nguyện
②	工場	兄は工場で働いています。	factory công xưởng
③	用事	ちょっと用事があります。	something to do công chuyện, việc bận
④	終わり	きょうの仕事は、これで終わりです。	the end kết thúc
⑤	途中	今、会社から家に帰る途中です。	on the way, in the middle dọc đường, giữa chừng
⑥	経験(する)	わたしは仕事の経験がありません。	experience kinh nghiệm
⑦	相談(する)	部長に仕事のことを相談しました。	consult thảo luận, trao đổi
⑧	伝える(Ⅱ)	リンさんに話を伝えておきます。	tell truyền đạt
⑨	行う(Ⅰ)	2時から会議を行います。	conduct, hold diễn ra, tổ chức
⑩	頼む(Ⅰ)	田中さんに仕事を頼まれました。	ask nhờ
⑪	始める(Ⅱ)	9時から会議を始めます。	start bắt đầu
⑫	数える(Ⅱ)	品物が何個か、数えてください。	count đếm
⑬	だめ(な)	だめです。仕事が終わりません。	impossible không được

かくにん

1 (1) この自動車は、日本の(　　　　　)で作られました。

(2)「きょうは帰りが遅くなるよ」と、妻に(　　　　　)ました。

(3) 英語を教えています。(　　　　　)なので、お金はもらいません。

(4) 会議室の机を(　　　　た)ら、20ありました。

(5) 会社へ行く(　　　　　)で、新聞を買いました。

(6) 試験を(　　　　て)、新しい社員を選びます。

(7) 田中さんは、わたしにコピーを(　　　　　)ました。

(8) スーパーでアルバイトをした(　　　　　)があります。

(9) その問題について、山田さんと(　　　　　)しました。

2 (　　　　) に左のページの①〜⑬のことばを書いてください。

わたしは、パンの (a　　　　　　) でアルバイトをしています。

仕事を (b　　　　　　) 時間は朝9時からで、(c　　　　　　) の時間は夕方5時です。いつも、仕事を (b　　　　　) まえに、手を洗います。きょうは、パンを一つ、二つ、と (d　　　　て) 袋に入れました。仕事は疲れますから、(e　　　　　) で少し休みます。

3 いいほうを選んでください。

(1) 日曜日、友達に会う { しごと・ようじ } があって、出かけました。

(2) 毎日猫に食べ物を { おこなう・やる } のが、わたしの仕事です。

(3) 「あとで行きます」と、山田さんに { そうだんして・つたえて } ください。

(4) わたしは友達に「お金を貸してほしい」と { おこなわれ・たのまれ } ました。

じっせん

1 (　　　　) に なにを いれますか。いちばん いい ものを 一つ えらんで ください。

(1) 会社で こまって いる ことを、たなかさんに (　　　) しました。

　　a. けいけん　　　　　b. あんない　　　　　c. へんじ　　　　　d. そうだん

(2) ぎんこうの (　　　) が おわった あと、うちへ かえります。

　　a. ようじ　　　　　b. よてい　　　　　c. けいけん　　　　　d. こうじょう

2 ＿＿＿ の ぶんと だいたい おなじ いみの ぶんを 一つ えらんで ください。

(1) たなかさんは ボランティアで 日本語を おしえて います。

　　a. たなかさんは お金を もらって、日本語を おしえて います。

　　b. たなかさんは お金を もらわないで、日本語を おしえて います。

　　c. たなかさんは お金に こまって、日本語を おしえて います。

　　d. たなかさんは お金が ほしいですから、日本語を おしえて います。

(2) この ドアは おしても だめです。

　　a. この ドアは おしても いいです。

　　b. この ドアは おしても だいじょうぶです。

　　c. この ドアは おしても けっこうです。

　　d. この ドアは おしても ひらきません。

①	壁	この町は白い壁の家が多いです。	wall bức tường
②	ポスター	ポスターを作ります。	poster áp phích quảng cáo
③	葉	赤や黄色の葉がとてもきれいです。	leaf lá cây
④	屋上	屋上にのぼりました。	roof nóc nhà, sân thượng
⑤	地下	駐車場は、建物の地下にあります。	basement tầng hầm
⑥	様子	ちょっと、外の様子を見てみましょう。	state bộ dạng, trạng thái
⑦	昔	昔、この町は静かでした。	a long time ago ngày xưa, hồi xưa
⑧	最近	最近、新しい駅ができました。	recently gần đây, mới đây
⑨	工事（する）	電気の工事をしています。	do construction work thi công
⑩	はる（Ⅰ）	ここにポスターをはりましょう。	put, paste dán, dính
⑪	変わる（Ⅰ）	レストランがコンビニに変わりました。	change thay đổi
⑫	咲く（Ⅰ）	花が咲いています。	bloom nở (hoa)
⑬	茶色い	あの茶色い建物は図書館です。	brown màu nâu
	★赤い／白い／黒い／黄色い／青い／緑色の　車		red, white, black, yellow, blue, green màu đỏ, màu trắng, màu đen, màu vàng, màu xanh dương, màu xanh lá

かくにん

1 (1) 今はアパートや家が建っていますが、（　　　　　　）は工場がありました。

(2) はがきに切手を（　　　　　）のを忘れてしまいました。

(3) 部屋の（　　　　　）に、絵をかけました。

(4) 秋は、木の（　　　　　）の色が緑から赤や黄色に変わります。

(5) 学校の（　　　　　）にのぼって、町の景色を見ました。

(6) わたしの家は、あの白い建物じゃなくて、その隣の（　　　　　）ほうです。

(7) 20年まえから、この町の（　　　　　）は全然（　　　　　て）いません。

(8) 家の前の道で（　　　　　）をしていて、音がうるさいです。

(9) （　　　　　）、うちの近所に新しいスーパーができました。

2 ( ) に左のページの①〜⑬のことばを書いてください。

(1) きれいな花が（　　　　　　て）います。

(2) 壁に（　　　　　）を（　　　　　　　て）います。

(3) 水道の（　　　　　）をしています。

(4) レストランは、（　　　　　　）にあります。

(5) スーパーは、（　　　　　　　）にあります。

(1) 　　(2) 　　(3) 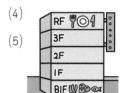　　(4)
(5)

（じっせん）

1 （　　　）に なにを いれますか。いちばん いい ものを 一つ えらんで ください。

(1) 古い いえが あった ところが、ちゅうしゃじょうに （　　　）。

　　a. はりました　　　b. なおしました　　c. ひらきました　　d. かわりました

(2) へやの （　　　）の いろを 白く しました。

　　a. かべ　　　　　　b. おくじょう　　　c. ようす　　　　　d. まど

2 ＿＿＿＿の ぶんと だいたい おなじ いみの ぶんを 一つ えらんで ください。

(1) むかし、ゆうこさんは おおさかに いました。

　　a. 少し まえ ゆうこさんは おおさかに いました。

　　b. きのう ゆうこさんは おおさかに いました。

　　c. 先週 ゆうこさんは おおさかに いました。

　　d. 20年まえ ゆうこさんは おおさかに いました。

(2) さいきん、この まちに すむ 外国人が 多く なって います。

　　a. このごろ、この まちに すむ 外国人が 多く なって います。

　　b. このまえ、この まちに すむ 外国人が 多く なりました。

　　c. 今から、この まちに すむ 外国人が 多く なります。

　　d. そのとき、この まちに すむ 外国人が 多く なりました。

1.（　）に　なにを　いれますか。1・2・3・4から　いちばん　いい　ものを　ひとつ
えらんで　ください。

① あかい　スカートを　（　　）　いる　人が、山本さんです。

　　1　きて　　　　　　　2　して　　　　　　　3　つけて　　　　　　4　はいて

② いえから　学校へ　行く　とき、スーパーの　前を　（　　）。

　　1　とまります　　　2　つきます　　　　　3　とおります　　　4　しゅっぱつします

③ わたしは　いつも　あさごはんの　あとで　はを　（　　）。

　　1　あらいます　　　2　そうじします　　　3　ふみます　　　　4　みがきます

④ コンサートの　（　　）には、たくさんの　おきゃくさんが　来て　います。

　　1　かいじょ　　　　2　かいじょう　　　　3　かいそう　　　　4　かいぞう

⑤ はるに　なって、さくらの　花が　（　　）。

　　1　あきました　　　2　うまれました　　　3　さきました　　　4　できました

⑥ たろうくんは　しゅくだいを　わすれて、先生に　（　　）ました。

　　1　さそわれ　　　　2　しかられ　　　　　3　たのまれ　　　　4　はこばれ

⑦ （　　）で、アパートが　やけて　しまいました。

　　1　かじ　　　　　　2　じしん　　　　　　3　たいふう　　　　4　どろぼう

2.　＿＿の　ぶんと　だいたい　おなじ　いみの　ぶんが　あります。1・2・3・4から
いちばん　いい　ものを　ひとつ　えらんで　ください。

① ちょっと、そうだんが　あるんですが…。

　　1　ちょっと、かいぎが　あるんですが…。

　　2　ちょっと、話したい　ことが　あるんですが…。

　　3　ちょっと、ほしい　ものが　あるんですが…。

　　4　ちょっと、わからない　ことが　あるんですが…。

2 <u>ゆうこさんが　けっこんしたと　聞いて、がっかりしました。</u>

　1　ゆうこさんが　けっこんしたと　聞いて、うれしいです。

　2　ゆうこさんが　けっこんしたと　聞いて、ざんねんです。

　3　ゆうこさんが　けっこんしたと　聞いて、はずかしいです。

　4　ゆうこさんが　けっこんしたと　聞いて、びっくりしました。

3.　つぎの　ことばの　つかいかたで　いちばん　いい　ものを　1・2・3・4から
　　ひとつ　えらんで　ください。

1　気が　つく

　1　あしたの　しけんが　<u>気が　ついて</u>、ベッドに　入っても　ねられません。

　2　ほかの　人が　いる　ことを　<u>気が　ついて</u>、小さい　こえで　話しました。

　3　さいふを　わすれた　ことに　<u>気が　ついて</u>、うちに　とりに　かえりました。

　4　わたしは　ゆうこさんと　<u>気が　ついて</u>、よく　いっしょに　出かけます。

2　にがい

　1　この　くすりは　<u>にがい</u>ですが、がまんして　飲んで　ください。

　2　あの　先生は　<u>にがい</u>　人ですから、しゅくだいが　多いです。

　3　ごはんを　たくさん　食べたので、おなかが　<u>にがい</u>です。

　4　わたしの　へやは　この　アパートの　<u>にがい</u>です。

3　やせる

　1　この　パソコンは　<u>やせて</u>　いて、かるいです。

　2　父は、おもい　びょうきで、<u>やせて</u>　しまいました。

　3　母の　りょうりの　あじは　<u>やせて</u>　います。

　4　電気が　<u>やせて</u>　いて、へやが　くらいです。

	かいわ 会話	ともだち に ほん ご かい わ 友達と日本語で**会話**をします。	conversation hội thoại, nói chuyện
①			
②	せ わ 世話	ちい こ せ わ たいへん 小さい子どもの**世話**は大変です。	looking after chăm sóc, quan tâm
③	あい て 相手	もり けっこん あい て い しゃ 森さんの結婚の**相手**は医者です。	partner, opponent đối phương
④	あいさつ(する)	せんせい かえ 先生に**あいさつ**をして帰ります。	greet chào hỏi
⑤	しょうたい 招待(する)	ともだち しょうたい 友達をパーティーに**招待します**。	invite chiêu đãi, mời
⑥	さんせい 賛成(する)	た なか い けん さんせい わたしは田中さんの意見に**賛成**です。	agree tán thành
⑦	はんたい 反対(する)	ちち けっこん はんたい 父はわたしの結婚に**反対して**います。	oppose phản đối
⑧	とど 届く(Ⅰ)	くに はは て がみ とど 国の母から手紙が**届き**ました。	arrive đến, tới
⑨	わた 渡す(Ⅰ)	かのじょ わた 彼女にプレゼントを**渡し**ました。	hand đưa, trao
⑩	いらっしゃる(Ⅰ)	ぶ ちょう きゃくさま 部長、お客様が**いらっしゃい**ました。 しゃちょう かい ぎ しつ 社長は会議室に**いらっしゃい**ます。	come, go, be (honorific word) đến, có (kính ngữ)
⑪	しん 信じる(Ⅱ)	かれ はなし しん わたしは彼の話を**信じ**ます。	believe tin tưởng
⑫	わか 別れる(Ⅱ)	せんげつ こいびと わか 先月、恋人と**別れ**ました。 えき ともだち わか ひと り かえ 駅で友達と**別れて**、一人で帰ります。	break up, part chia tay, ly biệt
⑬	やさ 優しい	こばやしせんせい やさ せんせい 小林先生は**優しい**先生です。	kind hiền lành
⑭	きび 厳しい	ちち きび 父はわたしにとても**厳しい**です。	strict nghiêm khắc

かくにん

1 (1) はは 母がいないとき、わたしが妹や弟の（　　　　　）をしなければなりません。

(2) しゃちょう まいあさ くるま かいしゃ 社長は毎朝、車で会社に（　　　　　）ます。

(3) す もり て がみ 好きな森さんに手紙を（　　　　　）たいのに、恥ずかしくてできません。

(4) いしかわ い けん い 石川さんがとてもいい意見を言ったので、みんな（　　　　　）しました。

(5) おんがく だいがく はい ちち 音楽の大学に入りたかったんですが、父に（　　　　　）されました。

(6) はやしせんせい 林先生はとても（　　　　　）ので、一度もしかられたことがありません。

(7) はなし おも わたしは、その話はうそだと思います。（　　　　　）ことができません。

(8) ふた り けっこん あの二人は、結婚したばかりなのに、もう（　　　　　て）しまったそうです。

(9) ひと あ げん き 人に会ったら、元気に「こんにちは」と（　　　　　）しましょう。

2 いいものを全部選んでください。

(1) { 部長・友達・父 }は、朝9時に会社にいらっしゃいます。

(2) 友達と別れるとき、「{ こんにちは・ただいま・さようなら }」と言います。

(3) きのう、国から{ 友達・手紙・荷物 }が届きました。

(4) 森さんから{ 食事・パーティー・デート }に招待されました。

(5) きのう、森さんとたくさん会話を{ 話しました・しました・言いました }。

じっせん

1 (　　　)に なにを いれますか。いちばん いい ものを 一つ えらんで ください。

(1) かれと けっこんしたいですが、父に (　　　)されて いて、できません。

　　a. しょうたい　　　　b. さんせい　　　　　c. はんたい　　　　　d. さんか

(2) ぶちょうは とても おもしろい 人ですが、しごとの ときは (　　　)です。

　　a. うつくしい　　　　b. やさしい　　　　　c. うれしい　　　　　d. きびしい

(3) かれは よく うそを 言うので、わたしは かれが 言う ことを (　　　)。

　　a. なくしません　　　b. しんじません　　　c. わかれません　　　d. きこえません

(4) あさ、先生に 「おはよう ございます」と (　　　)を します。

　　a. かいわ　　　　　　b. せわ　　　　　　　c. あいさつ　　　　　d. けいさつ

2 つぎの ことばの つかいかたで いちばん いい ものを 一つ えらんで ください。

(1) せわ

　　a. きのう、いしださんから、いろいろな せわを 聞きました。

　　b. 日本語が へたなので、まだ 日本人と せわが できません。

　　c. かれは りょこうが すきなので、いろいろな せわを しって います。

　　d. いぬが ほしいですが、ペットの せわを するのは たいへんです。

(2) あいて

　　a. その レストランの あいては みんな 外国人でした。

　　b. 右手に ナイフを もって、あいてに フォークを もちます。

　　c. きのうの しあいの あいては とても つよかったです。

　　d. この にもつは おもいですから、あいてで もった ほうが いいですよ。

①	ひも	この**ひも**を引くとカーテンが閉まります。	string dây
②	ガソリン	旅行のまえに車に**ガソリン**を入れます。	gasoline, petrol xăng, dầu
③	興味	わたしは中国の映画に**興味**があります。	interest hứng thú
④	空気	山の上は**空気**がとてもきれいです。	air không khí
⑤	自然	**自然**の中を歩くのは楽しいです。	nature tự nhiên
⑥	楽しみ	来週の北海道旅行が**楽しみ**です。	pleasure, looking forward niềm vui
⑦	マラソン	次の**マラソン**大会に出るつもりです。	marathon maratông, chạy đường dài
⑧	キャンプ（する）	週末、友達と**キャンプ**に行きます。	go camping cắm trại
⑨	スタート（する）	新しいドラマが**スタート**しました。	start bắt đầu
⑩	折る（I）	公園の木の枝を**折って**はいけません。 紙を**折って**飛行機を作りました。	break, fold gãy, gấp
⑪	滑る（I）	プールの周りは**滑り**やすいです。 スキーに行って、たくさん**滑り**ました。	slip, slide trơn trượt, trượt
⑫	集まる（I）	映画館に人が大勢**集まって**います。	gather tụ tập
⑬	楽しむ（I）	週末はゆっくり買い物を**楽しみ**ます。	enjoy vui vẻ, thưởng thức
⑭	珍しい	趣味は**珍しい**切手を集めることです。	rare, unusual hiếm, hiếm gặp

かくにん

1 (1) 手紙を三つに（　　　　　　て）封筒に入れました。

(2) 人がたくさん（　　　　　　て）いますね。事故でしょうか。

(3) 雪が降っていて、道が（　　　　　　）やすいですから、注意してください。

(4) 今晩はゆっくり食事を（　　　　　で）ください。

(5) 山の上は（　　　　　）がきれいなので、星がよく見えます。

(6) 町は、新しいビルや道がたくさんできて、（　　　　　）が少なくなりました。

(7) この車は、（　　　　　）がないと、動きません。

(8) わたしは、音楽はあまり（　　　　　）がないんですが、ダンスは好きです。

(9) えっ？　いつも元気な小林さんが風邪ですか。（　　　　　）ですね。

2 （　　　　）に左のページの①〜⑭のことばを書いてください。

(1) 車に（　　　　　　　）を入れる　(2) 木の枝を（　　　　　）　(3) （　　　　　　）をする

(4) （　　　　　　　）をする　(5) 階段で（　　　　　）　(6) （　　　　　　）を引く

じっせん

1 （　　　）に　なにを　いれますか。いちばん　いい　ものを　一つ　えらんで　ください。

(1) いなかは、（　　　）も　あるし、人も　しんせつだし、すみやすいです。

　　a. くうき　　　　　b. しぜん　　　　　c. けしき　　　　　d. あいさつ

(2) あしたは　9時に　学校に　（　　　）　ください。おくれないで　くださいね。

　　a. とまって　　　　b. しまって　　　　c. こまって　　　　d. あつまって

(3) あしたの　マラソン大会は　10時に　（　　　）する　よていです。

　　a. ボーナス　　　　b. スタート　　　　c. ポスター　　　　d. カーテン

2 つぎの　ことばの　つかいかたで　いちばん　いい　ものを　一つ　えらんで　ください。

(1) きょうみ

　　a. わたしは　日本の　アニメに　<u>きょうみ</u>ですから、日本へ　来ました。

　　b. わたしの　<u>きょうみ</u>は　おんがくを　聞く　ことです。

　　c. わたしは　日本の　えいがに　<u>きょうみ</u>が　あります。

　　d. わたしは　ギターに　<u>きょうみ</u>して　います。

(2) たのしみ

　　a. きのうは　友だちの　いえで、いっしょに　ゲームを　しました。<u>たのしみ</u>でした。

　　b. 今、日本に　すんで　います。日本の　せいかつは　ほんとうに　<u>たのしみ</u>です。

　　c. 先月の　おきなわりょこうは、ほんとうに　<u>たのしみ</u>で、すばらしかったです。

　　d. 来週、はじめて　スキーに　行きます。とても　<u>たのしみ</u>です。

①	留守	友達の家に行ったのに、留守でした。	absence, being away from home vắng nhà
②	おもちゃ	子どもがおもちゃで遊んでいます。	toy đồ chơi
③	眠る（Ⅰ）	頭が痛くて、眠ることができません。	sleep ngủ
④	並ぶ（Ⅰ）	店の前に人がたくさん並んでいます。	be in a line, queue, be arranged xếp hàng
⑤	届ける（Ⅱ）	拾った財布を警察に届けました。	deliver, send gửi đến, trình báo
⑥	壊す（Ⅰ）	大切な時計を壊してしまいました。	break làm hư, hỏng
⑦	ぬれる（Ⅱ）	このタオルはまだぬれています。	get damp ướt
⑧	乾く（Ⅰ）	洗ったタオルがなかなか乾きません。	get dry khô
⑨	過ぎる（Ⅱ）	9時を過ぎても娘が帰って来ません。	pass vượt quá, quá
⑩	切れる（Ⅱ）	靴のひもが切れてしまいました。	break đứt, bị đứt
⑪	なくなる（Ⅰ）	大切な指輪がなくなりました。 ガソリンがなくなってしまいました。	be lost, run out bị mất, hết
⑫	嫌（な）	嫌なことがあると、お酒を飲みます。	unpleasant, reluctant khó chịu, không thích
⑬	自由（な）	忙しくて自由な時間がありません。	free tự do
⑭	邪魔（な／する）	荷物が邪魔で、通れません。 今忙しいので、邪魔しないでください。	in the way, disturb phiền hà, cản trở

かくにん

1 (1) スーパーにたくさん品物が（　　　　　　で）います。

(2) 子どもに新しい（　　　　　　）を買ってやりました。

(3) 砂糖がもうすぐ（　　　　　　）そうなので、買ってきてください。

(4) 公園で子どもたちを（　　　　　　）に遊ばせています。

(5) マリアちゃん、元気がないね。学校で何か（　　　　　　）なことがあったの？

(6) 隣の家は電気が消えています。今、（　　　　　　）のようです。

(7) 自転車が（　　　　　　）で通れません。ここに自転車を止めないでください。

(8) 田中さん、この書類、事務所に（　　　　　　て）くれませんか。

(9) 約束の時間を30分も（　　　　　　て）いるのに、まだ彼女が来ません。

2 ( ) に左のページの①〜⑭のことばを書いてください。

(1) 子どもが ( ) を (て) しまいました。

(2) アパートの前に自転車がたくさん (で) いますね。

(3) 洗ったシャツがまだ (て) いません。まだ (て) います。

(1)   (2) 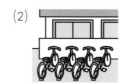 (3)

（じっせん）

1 ( ) に なにを いれますか。いちばん いい ものを 一つ えらんで ください。

(1) つくえの 上に おいて おいた 本が ( ) しまいました。

   a. なくして   b. なおして   c. なくなって   d. ならんで

(2) あかちゃんが ( ) いるので、しずかに して ください。

   a. ねむって   b. おどって   c. まがって   d. わたって

(3) しんせつな 人が、おとした さいふを いえに ( ) くれました。

   a. えらんで   b. みつけて   c. はこんで   d. とどけて

(4) さむくて 出かけるのが ( ) だったので、ずっと うちに いました。

   a. じゃま   b. きらい   c. いや   d. むだ

2 つぎの ことばの つかいかたで いちばん いい ものを 一つ えらんで ください。

(1) こわす

   a. ノートを 1まい こわして、友だちに てがみを 書きました。

   b. 電車が こんで いて、ケーキを こわして しまいました。

   c. パソコンを こわして しまったので、新しいのを 買いました。

   d. ガラスの おさらを こわさないように、気を つけて あらって ください。

(2) きれる

   a. にくが かたすぎて、はしが きれて しまいました。

   b. かばんの ひもが きれて しまいました。

   c. おとした コップが きれて しまいました。

   d. この ふくは 少し きれて いますが、あらえば だいじょうぶです。

①	おかず	今晩の**おかず**は魚にしましょう。	dishes to go with rice / thức ăn kèm với cơm
②	火	**火**が弱いので、強くしましょう。	fire / lửa
③	におい	台所からカレーの**におい**がします。	smell / mùi
④	倍	野菜の値段が去年の**倍**になりました。	double / gấp đôi
⑤	半分	この鶏肉を**半分**に切ってください。	half / một nửa
⑥	量	このお弁当はごはんの**量**が多いです。	amount / lượng
⑦	数	この料理に使う卵の**数**は二つです。	number / số lượng
⑧	包む（Ⅰ）	ハンカチでお弁当を**包み**ます。	wrap / gói, bọc
⑨	焼く（Ⅰ）	この魚は、**焼く**とおいしいです。 娘の誕生日にケーキを**焼き**ました。	grill, bake / nướng
⑩	沸かす（Ⅰ）	お湯を**沸かし**てお茶を飲みます。	boil / đun sôi
⑪	濃い	朝は**濃い**コーヒーを飲みます。	strong, dark / đậm (vị)
⑫	厚い	**厚く**切ったパンを2枚食べました。	thick / dày
⑬	薄い	このコップは**薄くて**割れやすいです。 この料理は少し味が**薄い**です。	thin, weak / mỏng, nhạt
⑭	まずい	このお菓子は高いのに、**まずい**です。	bad tasting / dở

かくにん

1 (1) 体のために、料理に使うしょうゆの（　　　　　）を少なくします。

(2) 夫は（　　　　　）味の料理が好きで、何でもしょうゆをかけて食べます。

(3) 今晩の（　　　　　）は肉がいいかなあ。魚にしようかな。

(4) 100gの（　　　　　）は50gです。100gの（　　　　　）は200gです。

(5) 3時にコーヒーを飲むので、そのまえにお湯を（　　　　て）おきます。

(6) パーティーのまえに、コップやお皿の（　　　　　）を数えておきます。

(7) 野菜が軟らかくなったら、（　　　　　）を消してください。

(8) いい（　　　　　）がしますね。何を作っているんですか。

(9) （　　　　　）すぎて、肉が硬くなってしまいました。

2 (　　　) に左のページの①〜⑭のことばを書いてください。

(1) お湯を (　　　　　)　　　(2) 魚を (　　　　　　)　　　(3) 肉を (　　　　　)

(4) (　　　　) パン　　　　(6) 味が (　　　) コーヒー

(5) (　　　　) パン　　　　(7) 味が (　　　) コーヒー

（ じっせん ）

1 (　　　) に　なにを　いれますか。いちばん　いい　ものを　一つ　えらんで　ください。

(1) カレーを　つくる　とき、水の　(　　　)を　まちがえて　しまいました。

　　a. かず　　　　　　b. りょう　　　　　c. おかず　　　　d. おつり

(2) この　店は、りょうりは　おいしいんですが、コーヒーは　(　　　)んです。

　　a. せまい　　　　　b. におい　　　　　c. えらい　　　　d. まずい

2 つぎの　ことばの　つかいかたで　いちばん　いい　ものを　一つ　えらんで　ください。

(1) つつむ

　　a. プレゼントを　きれいな　かみで　つつみます。

　　b. にもつを　長い　ひもで　つつみます。

　　c. はずかしい　とき、手で　かおを　つつみます。

　　d. その　いえは　山に　つつまれて　います。

(2) あつい

　　a. この　ソースは　あじが　あつくて　おいしいですね。

　　b. うすい　いろの　シャツより　あつい　いろの　シャツの　ほうが　すきです。

　　c. この　かみは　うすすぎるので、もっと　あつい　かみが　ほしいです。

　　d. わたしの　いぬは　足が　あつくて　みじかいです。

①	<ruby>科学<rt>か がく</rt></ruby>	<ruby>兄<rt>あに</rt></ruby>はいつも<ruby>科学<rt>か がく</rt></ruby>の<ruby>本<rt>ほん</rt></ruby>を<ruby>読<rt>よ</rt></ruby>んでいます。	science khoa học
②	<ruby>文学<rt>ぶんがく</rt></ruby>	<ruby>日本<rt>に ほん</rt></ruby>の<ruby>文学<rt>ぶんがく</rt></ruby>を<ruby>勉強<rt>べんきょう</rt></ruby>したいです。	literature văn học
③	<ruby>点<rt>てん</rt></ruby>	<ruby>先週<rt>せんしゅう</rt></ruby>のテストの<ruby>点<rt>てん</rt></ruby>が<ruby>悪<rt>わる</rt></ruby>くて<ruby>残念<rt>ざんねん</rt></ruby>です。	score, mark điểm
④	<ruby>線<rt>せん</rt></ruby>	この<ruby>線<rt>せん</rt></ruby>より<ruby>外<rt>そと</rt></ruby>に<ruby>出<rt>で</rt></ruby>ないでください。	line đường, dây
⑤	~<ruby>以上<rt>い じょう</rt></ruby>	<ruby>学校<rt>がっこう</rt></ruby>まで20<ruby>分<rt>ぶん</rt></ruby><ruby>以上<rt>い じょう</rt></ruby>かかります。	~ or more trên ~
⑥	~<ruby>以下<rt>い か</rt></ruby>	<ruby>試験<rt>し けん</rt></ruby>で80<ruby>点<rt>てん</rt></ruby><ruby>以下<rt>い か</rt></ruby>は<ruby>取<rt>と</rt></ruby>りたくないです。	~ or less dưới ~
⑦	<ruby>教育<rt>きょういく</rt></ruby>(する)	<ruby>小川<rt>お がわ</rt></ruby><ruby>先生<rt>せんせい</rt></ruby>は<ruby>教育<rt>きょういく</rt></ruby>に<ruby>熱心<rt>ねっしん</rt></ruby>な<ruby>先生<rt>せんせい</rt></ruby>です。	educate giáo dục
⑧	<ruby>緊張<rt>きんちょう</rt></ruby>(する)	<ruby>大切<rt>たいせつ</rt></ruby>な<ruby>試験<rt>し けん</rt></ruby>のときは、<ruby>緊張<rt>きんちょう</rt></ruby>します。	get nervous lo lắng, hồi hộp
⑨	<ruby>入学<rt>にゅうがく</rt></ruby>(する)	<ruby>日本<rt>に ほん</rt></ruby>は6<ruby>歳<rt>さい</rt></ruby>で<ruby>小学校<rt>しょうがっこう</rt></ruby>に<ruby>入学<rt>にゅうがく</rt></ruby>します。	enter school nhập học
⑩	<ruby>卒業<rt>そつぎょう</rt></ruby>(する)	<ruby>大学<rt>だいがく</rt></ruby>を<ruby>卒業<rt>そつぎょう</rt></ruby>したら、<ruby>国<rt>くに</rt></ruby>へ<ruby>帰<rt>かえ</rt></ruby>ります。	graduate tốt nghiệp
⑪	<ruby>中止<rt>ちゅう し</rt></ruby>(する)	<ruby>雨<rt>あめ</rt></ruby>なら、スポーツ<ruby>大会<rt>たいかい</rt></ruby>は<ruby>中止<rt>ちゅう し</rt></ruby>です。	cancel ngừng, dừng
⑫	<ruby>発音<rt>はつおん</rt></ruby>(する)	フランス<ruby>語<rt>ご</rt></ruby>は<ruby>発音<rt>はつおん</rt></ruby>が<ruby>難<rt>むずか</rt></ruby>しいです。	pronounce phát âm
⑬	<ruby>合格<rt>ごうかく</rt></ruby>(する)	<ruby>試験<rt>し けん</rt></ruby>に<ruby>合格<rt>ごうかく</rt></ruby>するために、<ruby>勉強<rt>べんきょう</rt></ruby>します。	pass đỗ, đậu (kì thi)
⑭	<ruby>落<rt>お</rt></ruby>ちる(Ⅱ)	<ruby>教室<rt>きょうしつ</rt></ruby>に<ruby>誰<rt>だれ</rt></ruby>かの<ruby>財布<rt>さい ふ</rt></ruby>が<ruby>落<rt>お</rt></ruby>ちていました。 <ruby>大学<rt>だいがく</rt></ruby>の<ruby>試験<rt>し けん</rt></ruby>に<ruby>落<rt>お</rt></ruby>ちてしまいました。	drop, fail rớt, trượt (kì thi)
⑮	なぜ	**なぜ**<ruby>日本語<rt>に ほん ご</rt></ruby>を<ruby>勉強<rt>べんきょう</rt></ruby>しているんですか。	why tại sao

かくにん

1 (1) <ruby>試験<rt>し けん</rt></ruby>で<ruby>悪<rt>わる</rt></ruby>い（　　　　　）を<ruby>取<rt>と</rt></ruby>って、<ruby>母<rt>はは</rt></ruby>にしかられました。

(2) <ruby>息子<rt>むす こ</rt></ruby>の（　　　　　）のために、できるだけいっしょに<ruby>本<rt>ほん</rt></ruby>を<ruby>読<rt>よ</rt></ruby>むようにしています。

(3) <ruby>公園<rt>こうえん</rt></ruby>にごみがたくさん（　　　　て）います。

(4) あしたは<ruby>大切<rt>たいせつ</rt></ruby>な<ruby>試合<rt>し あい</rt></ruby>があるので、とても（　　　　　）しています。

(5) このテストは80<ruby>点<rt>てん</rt></ruby>（　　　　　）<ruby>取<rt>と</rt></ruby>らないと、（　　　　　　）できません。

(6) <ruby>日曜日<rt>にちよう び</rt></ruby>のお<ruby>祭<rt>まつ</rt></ruby>りは、<ruby>雨<rt>あめ</rt></ruby>が<ruby>降<rt>ふ</rt></ruby>ったら、（　　　　　）になります。

(7) <ruby>毎日<rt>まいにち</rt></ruby>CDを<ruby>聞<rt>き</rt></ruby>きながら、<ruby>日本語<rt>に ほん ご</rt></ruby>の（　　　　　）を<ruby>練習<rt>れんしゅう</rt></ruby>しています。

(8) <ruby>彼<rt>かれ</rt></ruby>は、2000<ruby>年<rt>ねん</rt></ruby>に<ruby>大学<rt>だいがく</rt></ruby>に（　　　　　）して、2004<ruby>年<rt>ねん</rt></ruby>に<ruby>大学<rt>だいがく</rt></ruby>を（　　　　　）しました。

(9) この<ruby>店<rt>みせ</rt></ruby>は<ruby>値段<rt>ね だん</rt></ruby>が<ruby>高<rt>たか</rt></ruby>いのに、（　　　　　）<ruby>人気<rt>にん き</rt></ruby>があるのでしょうか。

2 いいものを一つ選んでください。

(1) ロシアの{ かがく・ぶんがく }が好きで、よくロシアの小説を読みます。

(2) 自然を守るために、{ かがく・ぶんがく }の研究は大切です。

(3) 兄は来年大学を{ そつぎょう・にゅうがく }する予定です。

(4) 大学に{ そつぎょう・にゅうがく }したら、何がしたいですか。

(5) この教室は狭いので、30人{ いじょう・いか }は入れません。

(6) 1万円{ いじょう・いか }だったら買えますが、それより高いと買えません。

⟨ じっせん ⟩

1（　　　）に なにを いれますか。いちばん いい ものを 一つ えらんで ください。

(1) じてんしゃは 白い （　　　）の 中に とめて ください。

　　a. けん　　　　　　　b. せん　　　　　　　c. へん　　　　　　　d. てん

(2) A：「（　　　） 会社を やめるんですか。」

　　B：「外国に りゅうがくするんです。」

　　a. なぜ　　　　　　　b. ぜひ　　　　　　　c. もし　　　　　　　d. など

(3) 来週の えいごの しけんで 100てんを （　　　）です。

　　a. うけたい　　　　　b. かちたい　　　　　c. もちたい　　　　　d. とりたい

2 つぎの ことばの つかいかたで いちばん いい ものを 一つ えらんで ください。

(1) ちゅうし

　　a. 母が びょうきに なったので、大学に 入るのを ちゅうししました。

　　b. ホテルを よやくしましたが、ようじが できたので、よやくを ちゅうししました。

　　c. こうつうじこが あったので、電車が ちゅうしに なりました。

　　d. ゆきで しんかんせんが うごかないので、りょこうが ちゅうしに なりました。

(2) きんちょう

　　a. さとう先生は とても きびしいので、話す とき、少し きんちょうです。

　　b. かれは とても きんちょうな 人なので、おおぜいの 人の 前で 話せません。

　　c. わたしは、車で せまい 道を とおる とき、とても きんちょうします。

　　d. かのじょは さいきん、びょうきの むすめさんを きんちょうして います。

①	（お）見舞い	病気の友達の**お見舞い**に行きました。	visiting somebody who is ill thăm người bệnh
②	具合	けさからおなかの**具合**が悪いです。	condition tình trạng sức khỏe
③	入院（する）	部長は足のけがで**入院**しています。	go into hospital nhập viện
④	退院（する）	病気が治ったので、あした**退院します**。	leave hospital xuất viện
⑤	泣く（Ⅰ）	娘は歯が痛くて、**泣いて**います。	cry khóc
⑥	笑う（Ⅰ）	大きい声で**笑う**と、元気になります。	laugh cười
⑦	おかしい	きょうはのどの調子が**おかしい**です。	strange lạ, khác thường
⑧	怖い	この病気はとても**怖い**病気です。	scary đáng sợ
⑨	眠い	きのうたくさん寝たのに、**眠い**です。	sleepy buồn ngủ
⑩	太い	このペンは**太くて**、書きにくいです。	thick dày, mập
⑪	細い	田中さんの足は**細くて**きれいです。	thin gầy
⑫	丈夫（な）	弟は子どものころから体が**丈夫**です。	strong, solid khỏe mạnh, chắc chắn
⑬	急に	電車で**急に**気分が悪くなりました。	suddenly đột nhiên
⑭	やっと	**やっと**風邪が治りました。	finally cuối cùng thì

かくにん

1 (1) 毎晩赤ちゃんが（　　　　　）ので、寝られません。とても（　　　　　）です。

(2) 最近、天気が（　　　　　）ですね。今、冬なのに、毎日とても暖かいです。

(3) このいすはとても（　　　　　）ですから、だれが座っても壊れませんよ。

(4) この線、細くて見えないので、もっと（　　　　　）してください。

(5) （　　　　　）が悪かったら、無理をしないで、休んだほうがいいですよ。

(6) 授業中に「祖母」を「そば」と読んで、友達に（　　　　て）しまいました。

(7) 5時間もかかって、宿題が（　　　　　）終わりました。疲れました。

(8) きのう、大きい地震があって、とても（　　　　た）です。

(9) 朝は天気がよかったのに、午後、（　　　　　）天気が悪くなりました。

② (　　　　)に左のページの①～⑭のことばを書いてください。

(1) 足が(　　　　　)　(2) 足が(　　　　　)　(3) (　　　　　)　(4) (　　　　　)

③ いいものを全部選んでください。

(1) きょうは { けが・母・値段 }の具合がよくないです。

(2) 彼の { 意見・体・傘 }はとても丈夫です。

(3) { 入院した・結婚した・旅行した }友達のお見舞いに行きました。

(4) { はし・傘・瓶 }を折ってしまったので、新しいのを買いました。

じっせん

① (　　　)に なにを いれますか。いちばん いい ものを 一つ えらんで ください。

(1) きょうは こえが 少し (　　　)ですね。かぜかも しれませんよ。

　　a. くわしい　　　　　b. めずらしい　　　　c. おかしい　　　　d. ただしい

(2) びょうきが なおったので、きのう、(　　　)しました。

　　a. にゅうがく　　　　b. そつぎょう　　　　c. にゅういん　　　　d. たいいん

② つぎの ことばの つかいかたで いちばん いい ものを 一つ えらんで ください。

(1) やっと

　　a. 1時間 まって、やっと 友だちは 来ませんでした。

　　b. 30分 ならんで、やっと 店に 入る ことが できました。

　　c. いっしょうけんめい はしって、やっと 学校に おくれませんでした。

　　d. 毎日 たくさん はたらいて、やっと びょうきに なりました。

(2) きゅうに

　　a. 時間が ないので、きゅうに あるいて ください。

　　b. きゅうに もどりますから、ちょっと まって いて ください。

　　c. ごはんを 食べて いる とき、きゅうに おなかが いたく なりました。

　　d. たなかさんが 来たら、きゅうに かいぎを はじめましょう。

①	社会 <ruby>しゃかい</ruby>	<ruby>日<rt>に</rt>本<rt>ほん</rt></ruby>の**社会**<rt>しゃかい</rt>の<ruby>問題<rt>もんだい</rt></ruby>について<ruby>考<rt>かんが</rt></ruby>えます。	society xã hội
②	政治 <ruby>せいじ</ruby>	<ruby>彼<rt>かれ</rt></ruby>は**政治**<rt>せいじ</rt>にあまり<ruby>興味<rt>きょうみ</rt></ruby>がありません。	politics chính trị
③	文化 <ruby>ぶんか</ruby>	わたしの<ruby>国<rt>くに</rt></ruby>と<ruby>日<rt>に</rt>本<rt>ほん</rt></ruby>は**文化**<rt>ぶんか</rt>が<ruby>違<rt>ちが</rt></ruby>います。	culture văn hóa
④	法律 <ruby>ほうりつ</ruby>	**法律**<rt>ほうりつ</rt>では<ruby>子<rt>こ</rt></ruby>どもはお<ruby>酒<rt>さけ</rt></ruby>が<ruby>飲<rt>の</rt></ruby>めません。	law pháp luật
⑤	人口 <ruby>じんこう</ruby>	<ruby>日<rt>に</rt>本<rt>ほん</rt></ruby>は**人口**<rt>じんこう</rt>が<ruby>少<rt>すく</rt></ruby>なくなっています。	population dân số
⑥	原因 <ruby>げんいん</ruby>	<ruby>警察<rt>けいさつ</rt></ruby>が<ruby>事故<rt>じこ</rt></ruby>の**原因**<rt>げんいん</rt>を<ruby>調<rt>しら</rt></ruby>べています。	cause nguyên nhân
⑦	利用（する） <ruby>りよう</ruby>	<ruby>東京<rt>とうきょう</rt></ruby>は<ruby>電車<rt>でんしゃ</rt></ruby>を**利用する**<rt>りよう</rt><ruby>人<rt>ひと</rt></ruby>が<ruby>多<rt>おお</rt></ruby>いです。	use (use something that has various uses, such as public services, for your own purpose) sử dụng (sử dụng những thứ dịch vụ công cộng nhằm có lợi cho bản thân mình)
⑧	使用（する） <ruby>しよう</ruby>	<ruby>病院<rt>びょういん</rt></ruby>では<ruby>携帯電話<rt>けいたいでんわ</rt></ruby>が**使用**<rt>しよう</rt>**できません。**	use (use something that has a specific use, such as a tool, for that purpose) sử dụng (sử dụng chỉ với tính năng của đồ vật đó có)
⑨	戦争（する） <ruby>せんそう</ruby>	その**戦争**<rt>せんそう</rt>は６<ruby>年間<rt>ねんかん</rt></ruby><ruby>続<rt>つづ</rt></ruby>きました。	go to war chiến tranh
⑩	上がる（Ⅰ） <ruby>あ</ruby>	たばこの<ruby>値段<rt>ねだん</rt></ruby>が**上がりました。**<rt>あ</rt>	increase, rise, improve tăng
⑪	下がる（Ⅰ） <ruby>さ</ruby>	<ruby>来月<rt>らいげつ</rt></ruby>から<ruby>電気代<rt>でんきだい</rt></ruby>が**下がります。**<rt>さ</rt>	decrease, drop, get lower giảm
⑫	増える（Ⅱ） <ruby>ふ</ruby>	<ruby>新聞<rt>しんぶん</rt></ruby>を<ruby>読<rt>よ</rt></ruby>まない<ruby>人<rt>ひと</rt></ruby>が**増えました。**<rt>ふ</rt>	increase tăng (số lượng)
⑬	減る（Ⅰ） <ruby>へ</ruby>	<ruby>今<rt>いま</rt></ruby>、<ruby>子<rt>こ</rt></ruby>どもの<ruby>数<rt>かず</rt></ruby>が**減っています。**<rt>へ</rt>	decrease giảm (số lượng)
⑭	安全（な） <ruby>あんぜん</ruby>	この<ruby>町<rt>まち</rt></ruby>は**安全**<rt>あんぜん</rt>で、<ruby>住<rt>す</rt></ruby>みやすいです。	safe an toàn
⑮	危険（な） <ruby>きけん</ruby>	<ruby>夜<rt>よる</rt></ruby><ruby>一人<rt>ひとり</rt></ruby>で<ruby>町<rt>まち</rt></ruby>を<ruby>歩<rt>ある</rt></ruby>くのは**危険**<rt>きけん</rt>です。	dangerous nguy hiểm

かくにん

1 (1) レポートを<ruby>書<rt>か</rt></ruby>くときは、<ruby>黒<rt>くろ</rt></ruby>のボールペンを（　　　　　　　）してください。

(2) <ruby>歌舞伎<rt>かぶき</rt></ruby>やアニメなど、<ruby>日<rt>に</rt>本<rt>ほん</rt></ruby>の（　　　　　　）に<ruby>興味<rt>きょうみ</rt></ruby>があります。

(3) （　　　　　　）かどうか、よく<ruby>確<rt>たし</rt></ruby>かめてから、<ruby>道<rt>みち</rt></ruby>を<ruby>渡<rt>わた</rt></ruby>りましょう。

(4) このスーパーを（　　　　　　）する<ruby>人<rt>ひと</rt></ruby>は、<ruby>外国人<rt>がいこくじん</rt></ruby>が<ruby>多<rt>おお</rt></ruby>いそうです。

(5) この<ruby>店<rt>みせ</rt></ruby>は、<ruby>最近<rt>さいきん</rt></ruby>お<ruby>客<rt>きゃく</rt></ruby>さんが（　　　　　　て）、<ruby>忙<rt>いそが</rt></ruby>しそうです。

(6) <ruby>学生<rt>がくせい</rt></ruby>のときの<ruby>経験<rt>けいけん</rt></ruby>は、（　　　　　　）に<ruby>出<rt>で</rt></ruby>てから<ruby>役<rt>やく</rt></ruby>に<ruby>立<rt>た</rt></ruby>つでしょう。

(7) <ruby>冷房<rt>れいぼう</rt></ruby>をつけたのに、<ruby>部屋<rt>へや</rt></ruby>の<ruby>温度<rt>おんど</rt></ruby>がなかなか（　　　　　　）ません。

(8) 30<ruby>年<rt>ねん</rt></ruby>まえに<ruby>起<rt>お</rt></ruby>こった（　　　　　　）で、<ruby>大勢<rt>おおぜい</rt></ruby>の<ruby>人<rt>ひと</rt></ruby>が<ruby>死<rt>し</rt></ruby>んでしまいました。

(9) お<ruby>酒<rt>さけ</rt></ruby>が<ruby>飲<rt>の</rt></ruby>めるのは<ruby>二十歳<rt>はたち</rt></ruby>からと（　　　　　　）で<ruby>決<rt>き</rt></ruby>められています。

2 いいものを全部選んでください。

(1) { 量・値段・温度・数・熱・テストの点・人口 } が上がります／下がります。

(2) { 量・値段・温度・数・熱・テストの点・人口 } が増えます／減ります。

3 (　　　)に、A「使用」かB「利用」か、いいほうを入れてください。

(1) 電車の中で携帯電話を(　　　)しないでください。

(2) このチャンスを(　　　)して、友達をたくさん作ろう。

(3) この図書館を(　　　)する場合は、カードが必要です。

(4) 会社へ行くとき、よく地下鉄を(　　　)しています。

(5) 試験のとき、辞書を(　　　)してはいけません。

じっせん

1 (　　　)に なにを いれますか。いちばん いい ものを 一つ えらんで ください。

(1) 国の (　　　)の やりかたに、たくさんの 人が はんたいして います。

　　a. しゃかい　　　　b. せいじ　　　　　c. ぶんか　　　　　d. じんこう

(2) この へんは (　　　)なので、一人で あるかない ほうが いいです。

　　a. きんちょう　　　b. あんぜん　　　　c. じょうぶ　　　　d. きけん

2 つぎの ことばの つかいかたで いちばん いい ものを 一つ えらんで ください。

(1) じんこう

　　a. この アパートの じんこうは、だんだん 多く なりました。

　　b. まちの じんこうが 少なく なったので、みんな こまって います。

　　c. この 学校の じんこうは だいたい 3,000人です。

　　d. この どうぶつは じんこうが だんだん 少なく なって います。

(2) げんいん

　　a. あなたが かれの いけんに さんせいする げんいんを おしえて ください。

　　b. りょこうが たのしかった げんいんは、りょうりと 天気だと おもいます。

　　c. けいさつに よると、きのうの かじの げんいんは、たばこの 火だそうです。

　　d. わたしが 車を 買わない げんいんは、お金が ないからです。

①	機会（きかい）	機会（きかい）があれば、飲（の）みに行（い）きましょう。	chance cơ hội, dịp
②	時代（じだい）	学生（がくせい）時代（じだい）にたくさん旅行（りょこう）しました。	period, time thời đại, thời kì
③	日（ひ）	旅行（りょこう）のまえの日（ひ）に病気（びょうき）になりました。	day ngày
④	これから	これから買（か）い物（もの）に行（い）くところです。	from now từ giờ trở đi
⑤	今度（こんど）	今度（こんど）いっしょにごはんを食（た）べませんか。	next time lần sau
⑥	たまに	たまにコンビニでお弁当（べんとう）を買（か）います。	sometimes thỉnh thoảng
⑦	すぐ	授業（じゅぎょう）が終（お）わったら、すぐ帰（かえ）ります。	immediately nhanh chóng, ngay lập tức
⑧	まず	料理（りょうり）をするまえに、まず手（て）を洗（あら）います。	first of all trước tiên
⑨	この間（あいだ）	この間（あいだ）、駅（えき）で先生（せんせい）に会（あ）いました。	the other day vài ngày trước, hôm trước
⑩	さっき	さっき昼（ひる）ごはんを食（た）べたばかりです。	a short while ago lúc nãy

かくにん

1 (1) 週末（しゅうまつ）はたいてい暇（ひま）ですが、（　　　　　）忙（いそが）しい（　　　　　）があります。

(2) 料理（りょうり）をするまえに、（　　　　　）手（て）を洗（あら）いましょう。

(3) 子（こ）ども（　　　　　）に経験（けいけん）したことは、大人（おとな）になってもなかなか忘（わす）れません。

(4) （　　　　　）起（お）きたばかりなので、まだ眠（ねむ）いです。

(5) （　　　　　）の試験（しけん）で100点（てん）を取（と）るために、一生懸命（いっしょうけんめい）勉強（べんきょう）しています。

(6) （　　　　　）の休（やす）みに北海道（ほっかいどう）へ行（い）きました。とても楽（たの）しかったです。

(7) 海外旅行（かいがいりょこう）に行（い）きたいですが、なかなか（　　　　　）がなくて行（い）けません。

(8) きょうは疲（つか）れているので、うちに帰（かえ）ったら、（　　　　　）寝（ね）ます。

(9) 宿題（しゅくだい）はまだやっていません。（　　　　　）しようと思（おも）っています。

2 ( )に何を入れますか。□□□の中からいいものを選んでください。

〈わたしの夢〉

わたしの夢は、猫を飼う*ことです。でも、なかなか(a　　　　　)がありません。

(b　　　　　)、アルバイトが休みの(c　　　　　)に、友達の家に遊びに行きました。友達の家には猫が3匹いました。猫はわたしを見て、(d　　　　　)逃げて行きました。友達は「(e　　　　　)毎日遊びに来たら、だんだん慣れるよ」と言ってくれました。わたしは「毎日は無理だけど、(f　　　　　)遊びに来たいな」と言いました。

わたしは「(g　　　　　)来るときは、おいしい物を持って来よう」と思いました。

＊飼う…keep (a pet)　nuôi (thú cưng)

今度	日	すぐ	たまに	この間	機会	これから

じっせん

1 ( )に なにを いれますか。いちばん いい ものを 一つ えらんで ください。

(1) ( ) ニュースで 見たんですが、こうべで 大きい じしんが あったそうですね。

　　a. こんど　　　　　b. さっき　　　　　c. これから　　　　　d. まず

(2) きっぷを 買う ときは、( ) お金を 入れて、それから ボタンを おします。

　　a. まず　　　　　b. もうすぐ　　　　　c. すぐ　　　　　d. さっき

2 つぎの ことばの つかいかたで いちばん いい ものを 一つ えらんで ください。

(1) このあいだ

　　a. たなかさんは、このあいだ、よく 学校に おくれますね。どう したんでしょうか。

　　b. 新しい パンやが できましたね。このあいだ、いっしょに 行って みませんか。

　　c. このあいだ、ぶちょうに おいしい ワインを いただきました。

　　d. このあいだ、さむい 日が つづいて いますが、おげんきで いらっしゃいますか。

(2) たまに

　　a. けさ、学校へ 来る ときに、たまに、やまださんに 会いましたよ。

　　b. あした、たまに ひるごはんを いっしょに 食べませんか。

　　c. たなかさんが きのう いえに 来た とき、わたしは たまに 出かけて いました。

　　d. よしださんは たまに 学校に おくれるんですが、きょうは まに あいました。

1. （　）に　なにを　いれますか。1・2・3・4から　いちばん　いい　ものを　ひとつ　えらんで　ください。

1 この　おさらは、（　）　われにくいです。

　　1　こまかくて　　　2　ほそくて　　　3　こくて　　　4　あつくて

2 いつもは　いえで　ばんごはんを　食べますが、（　）　外で　食べます。

　　1　ずっと　　　2　さっき　　　3　きゅうに　　　4　たまに

3 でんきやに　こしょうの　（　）を　しらべて　もらいました。

　　1　げんいん　　　2　たいいん　　　3　てんいん　　　4　にゅういん

4 その　タオルは　（　）　いますから、こちらのを　つかって　ください。

　　1　うれて　　　2　おれて　　　3　ぬれて　　　4　はれて

5 この　学校は　きそくが　とても　（　）、じゆうが　ありません。

　　1　かなしくて　　　2　きびしくて　　　3　はずかしくて　　　4　うつくしくて

6 今年　しけんに　（　）、来年　もう　いちど　うける　つもりです。

　　1　きれたら　　　2　おちたら　　　3　わかれたら　　　4　さがったら

7 友だちが　けがで　学校を　休んで　いるので、あした　（　）に　行きます。

　　1　おみまい　　　2　おみやげ　　　3　おまつり　　　4　おいわい

2. ＿＿の　ことばと　だいたい　おなじ　いみの　ものが　あります。1・2・3・4から　いちばん　いい　ものを　ひとつ　えらんで　ください。

1 ここは　みどりが　多くて　いい　ところです。

　　1　けしき

　　2　しぜん

　　3　くうき

　　4　せんそう

2 からだの　ちょうしが　わるいので、きょうは　会社を　休みます。

　　1　ようじ

　　2　つごう

　　3　ようす

　　4　ぐあい

3.　つぎの　ことばの　つかいかたで　いちばん　いい　ものを　1・2・3・4から
　　ひとつ　えらんで　ください。

1 ふえる

　　1　雨が　たくさん　ふったので、やさいの　ねだんが　ふえました。

　　2　じんこうが　ふえて、まちが　にぎやかに　なりました。

　　3　たくさん　べんきょうしたので、テストの　てんが　ふえました。

　　4　この　店は、さいきん、きゅうに　人気が　ふえました。

2 しょうたい

　　1　かのじょは　わたしに　コーヒーを　しょうたいして　くれました。

　　2　友だちを　しょうたいして、デパートに　かいものに　行きました。

　　3　大学の　友だちが　けっこんしきに　しょうたいして　くれました。

　　4　先生が　しょうたいして　くださった　本を　読みました。

3 やっと

　　1　3時間　まちましたが、やっと　友だちは　来ませんでした。

　　2　がんばって　れんしゅうしましたが、やっと　しあいに　まけて　しまいました。

　　3　ことしの　なつは、やっと　ふじさんに　のぼりたいです。

　　4　長い　ふゆが　おわって、やっと　はるが　来ました。

①	お嬢さん	こちらは田中さんの**お嬢さん**です。	(someone's) daughter con gái cô, chú, bác
②	女性	母は優しい**女性**です。	woman phụ nữ
③	男性	好きな**男性**がいます。	man nam giới
④	家庭	温かい**家庭**を作りたいです。	family gia đình
⑤	お金持ち	**お金持ち**になりました。	rich person người giàu
⑥	心	**心**を開いて、友達と話しました。	heart, spirit trái tim
⑦	グループ	5人の**グループ**を作りました。	group nhóm
⑧	メンバー	この5人はグループの**メンバー**です。	member thành viên
⑨	タイプ	どんな**タイプ**の人が好きですか。	type loại, kiểu
⑩	いじめる（Ⅱ）	友達を**いじめて**はいけません。	bully bắt nạt
⑪	似る（Ⅱ）	この兄弟はとても**似て**います。	look alike giống nhau (người)
⑫	うまい	鈴木さんは歌が**うまい**です。	good, skillful giỏi, hay
⑬	おとなしい	わたしは**おとなしい**子どもでした。	quiet hiền lành, trầm lặng
⑭	立派（な）	子どもを**立派**な大人に育てました。	good, splendid tuyệt vời, hoàn hảo

かくにん

1 (1) 娘はピアノがとても（　　　　　　）んですよ。

(2) 息子は知らない人がいると、（　　　　　　）です。

(3) 子どものとき、友達に（　　　　　て）、泣いたことがあります。

(4) 3人（　　　　　）の歌手のコンサートに行きました。

(5) わたしは父ととてもよく（　　　　　て）います。

(6) 失敗に負けない強い（　　　　　　）を持とう。

(7) ここに、「男性」か「（　　　　　　）」か、書いてください。

(8) 鈴木さんの（　　　　　　）は二十歳で、大学生だそうです。

(9) このホテルには、二つの（　　　　　　）の部屋があります。

2 （　　　）に左のページの①〜⑭のことばを書いてください。

　鈴木さんは真理さんという（a　　　　　）がいます。
真理さんは、いっしょに働く（b　メ　　　　　）を集
めて、小さい会社を作りました。会社は成功して、真
理さんは（c　　　　　）になりました。今、結婚して、
（d　　　　　）を持って、（e　　　　　）家に住んで
います。

じっせん

1 （　　　）に　なにを　いれますか。いちばん　いい　ものを　一つ　えらんで　ください。

(1) どうぶつを　（　　　）は　いけません。

　　a. そだてて　　　　　b. うえて　　　　　c. とりかえて　　　　d. いじめて

(2) ゆみこさんは　とても　（　　　）の　やさしい　人です。

　　a. せわ　　　　　b. こころ　　　　　c. うた　　　　　d. ちから

(3) あそこの　あおい　セーターを　きて　いる　（　　　）は、わたしの　あにです。

　　a. おじょうさん　　b. しゅじん　　　c. じょせい　　　　d. だんせい

2 　＿＿＿＿の　ぶんと　だいたい　おなじ　いみの　ぶんを　一つ　えらんで　ください。

(1) たなかさんは　りょうりが　とても　うまいです。

　　a. たなかさんは　りょうりが　とても　じょうずです。

　　b. たなかさんは　りょうりが　とても　おいしいです。

　　c. たなかさんは　りょうりが　とても　はやいです。

　　d. たなかさんは　りょうりが　とても　おそいです。

(2) むすこは　とても　おとなしく　して　います。

　　a. むすこは　とても　しずかに　して　います。

　　b. むすこは　とても　よく　ねて　います。

　　c. むすこは　とても　げんきに　あそんで　います。

　　d. むすこは　とても　よく　うごいて　います。

①	関係	友達との関係を大切にします。	relationship mối quan hệ
②	お礼	お礼のプレゼントを買います。	thanks cám ơn, cảm tạ
③	贈り物	両親に贈り物をします。	present đồ lễ, quà tặng
④	別	友達だと思ったら、別の人でした。	different riêng biệt, khác
⑤	コミュニケーション	コミュニケーションはとても大切です。	communication giao tiếp
⑥	おじぎ（する）	お礼を言うとき、おじぎします。	bow cúi chào
⑦	遠慮（する）	遠慮しないで、食べてください。	be reserved ngại, khách khí
⑧	差し上げる（Ⅱ）	先生に贈り物を差し上げました。	give (humble word) kính biếu, kính tặng
⑨	知らせる（Ⅱ）	友達に約束の時間を知らせました。	let (someone) know thông báo
⑩	訪ねる（Ⅱ）	きのう、友達の家を訪ねました。	visit ghé thăm
⑪	謝る（Ⅰ）	けんかした友達に謝りました。	apologize xin lỗi
⑫	怒る（Ⅰ）	弟とけんかして、母に怒られました。	get angry nổi giận
⑬	驚く（Ⅰ）	友達からのプレゼントに驚きました。	be surprised giật mình, ngạc nhiên
⑭	丁寧（な）	先生に丁寧にお礼を言いました。	polite, thorough lịch sự

かくにん

1 (1) 知っている人に会ったとき、（　　　　　）をします。

(2) 急に友達が結婚すると言ったので、（　　　　　）ました。

(3) 友達に結婚することをメールで（　　　　　）ました。

(4) 先生はわかりやすく、（　　　　　）に説明してくれました。

(5) この色より（　　　　　）の色のセーターのほうがいいと思います。

(6) 日本のいろいろな町を（　　　　　）たいと思っています。

(7) 人と人がいっしょに何かをするとき、（　　　　　）は大切です。これがうまくできないと、（　　　　　）が悪くなってしまいます。

(8) 友達にごちそうしましたが、友達は（　　　　　）して、あまり食べませんでした。

(9) 母の大切な花瓶を壊したので、「ごめんなさい」と（　　　　　）ました。

2 友達とメールをしています。（　　　　）に左のページの①〜⑭のことばを書いてください。

> 林先生が学校をやめるそうです。友達がさっき（a　　　　　て）
> くれました。わたしはとても（b　　　　）ました。

> 本当ですか?! 残念ですね。

> 先生に何か贈り物を（c　　　　　）ませんか。

> いいですね！ お花はどうですか。そして、（d　　　　　）
> の手紙も書きましょう。

じっせん

1 （　　　）に なにを いれますか。いちばん いい ものを 一つ えらんで ください。

(1) うそを 言ったので、おかあさんに （　　　）ました。

　　a. いじめられ　　　　b. おこられ　　　　c. ほめられ　　　　d. あやまられ

(2) ぶんかと ことばの （　　　）について けんきゅうして います。

　　a. おくりもの　　　　b. べつ　　　　　　c. かんけい　　　　d. よてい

2 ＿＿＿の ぶんと だいたい おなじ いみの ぶんを 一つ えらんで ください。

(1) おせわに なった 人に おくりものを わたしました。

　　a. おせわに なった 人に ボーナスを わたしました。

　　b. おせわに なった 人に ポスターを わたしました。

　　c. おせわに なった 人に プレゼントを わたしました。

　　d. おせわに なった 人に てがみを わたしました。

(2) なつやすみ、ひっこしした 友だちを たずねる つもりです。

　　a. なつやすみ、ひっこしした 友だちの いえへ 行く つもりです。

　　b. なつやすみ、ひっこしした 友だちと あそぶ つもりです。

　　c. なつやすみ、ひっこしした 友だちに てがみを 書く つもりです。

　　d. なつやすみ、ひっこしした 友だちを しょうたいする つもりです。

①	思い出	友達と旅行の**思い出**を話しました。	memories kỷ niệm
②	アルバム	**アルバム**に写真をはります。	album album
③	ジム	**ジム**に行って、運動します。	gym gym
④	チーム	好きな野球**チーム**を応援します。	team đội, nhóm
⑤	ルール	**ルール**を守って、試合をします。	rule quy tắc
⑥	スクリーン	大きな**スクリーン**で映画を見ます。	screen màn hình máy chiếu
⑦	スーツケース	**スーツケース**にお土産を入れました。	suitcase vali kéo
⑧	プログラム	コンサートの**プログラム**を見ます。	program chương trình, lịch trình phát sóng
⑨	競争（する）	どちらが速いか**競争**しましょう。	compete cạnh tranh
⑩	見物（する）	友達と東京を**見物**しました。	see the sights tham quan
⑪	写す（Ⅰ）	カメラできれいな景色を**写し**ました。 友達の答えを**写して**はいけません。	photograph, copy chụp, chép lại
⑫	打つ（Ⅰ）	ボールを**打つ**練習をしています。	hit đánh, va
⑬	喜ぶ（Ⅰ）	弟はゲームに勝って、**喜び**ました。	be delighted vui mừng, phấn khởi

かくにん

1 (1) このサッカー（　　　　）は、とても強いです。

(2) テニスをしたことがないので、（　　　　）をよく知りません。

(3) 旅行に行くので、新しい（　　　　）を買いました。

(4) （　　　　）にはった写真を見ます。

(5) 机の角で頭を（　　　て）、けがをしました。

(6) 毎日、スポーツ（　　　　）に行っているので、体の調子がいいです。

(7) 映画館には大きな（　　　　）があります。

(8) たくさんの人々が祭りの（　　　　）に来ました。

(9) 母に花をあげたら、とても（　　　で）くれました。

2 いいものを一つ選んでください。

(1) 映画を見るために { スウクリーン・スクリーン・スクリン } を準備しました。

(2) 週2回、{ ジーム・シム・ジム } に行って、運動します。

3 ( ) に左のページの①～⑬のことばを書いてください。

(1) 先生が書いたとおりにノートに ( ) ました。

(2) だれがいちばんたくさん食べられるか、( ) しました。

(3) 入学試験に合格したので、家族みんなで ( ) ました。

(1)	(2)	(3)

じっせん

1 ( ) に なにを いれますか。いちばん いい ものを 一つ えらんで ください。

(1) 大学の りゅうがくの ( ) に さんかして、日本に 来ました。

   a. スクリーン   b. アルバム   c. プログラム   d. スーツケース

(2) 友だちと アルバムを 見ながら、りょこうの ( ) を 話しました。

   a. おもいで   b. けんぶつ   c. きょうそう   d. よてい

2 つぎの ことばの つかいかたで いちばん いい ものを 一つ えらんで ください。

(1) きょうそう

   a. だれが いちばん はやく およげるか きょうそうしました。

   b. おとうさんに 学校の ことを きょうそうしました。

   c. 友だちと テニスを きょうそうして います。

   d. コンサートが うまく いくように きょうそうします。

(2) けんぶつ

   a. 行きたい 学校を けんぶつしました。

   b. 友だちと こうえんを けんぶつしました。

   c. じどうしゃを つくる こうじょうを けんぶつしました。

   d. 外国の めずらしい おまつりを けんぶつしました。

①	乗り物	子どもは**乗り物**に乗るのが好きです。	vehicle phương tiện giao thông
②	トンネル	**トンネル**を通って、隣の町へ行きます。	tunnel hầm
③	坂	この**坂**を上ると、美術館があります。	hill, slope con dốc
④	運転手	あのタクシーの**運転手**は親切でした。	driver tài xế
⑤	オートバイ	**オートバイ**に乗るのが好きです。	motorcycle xe máy
⑥	ボート	二人で**ボート**に乗りました。	boat ca nô
⑦	スピード	**スピード**を出すと、危険です。	speed tốc độ
⑧	理由	予約をキャンセルする**理由**を書きました。	reason lí do
⑨	遠く	**遠く**までドライブに行きました。	great distance xa
⑩	ストップ（する）	車のエンジンが**ストップ**しました。	stop dừng lại, ngừng
⑪	空く（Ⅰ）	夏休みでホテルが**空いて**いません。	be vacant/unoccupied chỗ trống
⑫	寄る（Ⅰ）	京都に**寄って**から、大阪に行きます。	drop in, visit ghé qua

かくにん

1 (1) (　　　　　　) に乗って、友達といっしょに山に行きました。山の中に大きな池があっ

　　て、(　　　　　　) に乗って遊びました。

(2) どうして会社をやめたいんですか。(　　　　　　) を教えてください。

(3) 地震でしばらく電車が (　　　　　　) したので、遅くなりました。

(4) タクシーの (　　　　　　) に行く場所を伝えました。

(5) わたしはバスや電車など、(　　　　　　) に乗ると、いつも気持ちが悪くなってしまい

　　ます。

(6) 銀行に (　　　　　て) から、スーパーに買い物に行きます。

(7) わたしの家は (　　　　　　) の上にあって、窓から海が見えます。

(8) 席が (　　　　　て) いなかったので、電車の中でずっと立っていました。

(9) 東京の人は、歩く (　　　　　　) が速いですね。

2 (　　　　)に左のページの①～⑫のことばを書いてください。

ホテルの人：このホテルの前の(a　　　　　)を上がって

　　　　　　　行くと、きれいな公園があります。

　　　　　　　(b　　　　　　)に富士山が見えます。

　　　　　　　今、桜がきれいです。花の(c　ト　　　　　)

　　　　　　　みたいですよ。そして、大きい池があって、

　　　　　　　(d　　　　　　)に乗ることができます。

お客さん：　ぜひそこへ行きたいです。歩いて行けますか。

ホテルの人：歩くと少し遠いです。タクシーの(e　　　　　)

　　　　　　　に言ったら、連れて行ってくれますよ。

じっせん

1 (　　　　)に なにを いれますか。いちばん いい もの を 一つ えらんで ください。

(1) こうさてんで 車を とめたら、エンジンが (　　　　)しました。

　　a. レポート　　　　　b. ストップ　　　　　c. ラッシュ　　　　　d. スピード

(2) いえへ かえる とき、きっさてんに (　　　　)、友だちと おしゃべりしました。

　　a. よって　　　　　b. あがって　　　　　c. きて　　　　　d. あいて

2 ＿＿＿の ぶんと だいたい おなじ いみの ぶんを 一つ えらんで ください。

(1) ひこうきの せきは あいて いません。

　　a. ひこうきの きっぷは 買って いません。

　　b. ひこうきの きっぷは まだ のこって います。

　　c. ひこうきの きっぷは よやくしませんでした。

　　d. ひこうきの きっぷは ぜんぶ うれて しまいました。

(2) りゅうがくしたい りゆうは 何ですか。

　　a. どこへ りゅうがくしたいですか。

　　b. どうして りゅうがくしたいですか。

　　c. 何を する ために りゅうがくしますか。

　　d. だれと いっしょに りゅうがくしますか。

①	ファッション	**ファッション**に興味があります。	fashion thời trang
②	アクセサリー	**アクセサリー**をつけます。	accessory trang sức
③	ベルト	ズボンの**ベルト**をします。	belt dây thắt lưng
④	格好	彼女はいつもすてきな**格好**をしています。	appearance ngoài hình, vẻ bề ngoài
⑤	床屋	**床屋**で髪を切ります。	barber tiệm cắt tóc
⑥	ロッカー	大きい荷物を**ロッカー**に入れます。	locker tủ đựng đồ (trả bằng tiền xu để dùng)
⑦	マナー	**マナー**を守りましょう。	manner lễ nghi
⑧	オープン（する）	新しい店が**オープン**しました。	open mở
⑨	似合う（Ⅰ）	その色はとても**似合**っています。	suit hợp với
⑩	塗る（Ⅰ）	けがをしたので、薬を**塗**りました。 絵に色を**塗**りました。	apply, paint sơn, bôi, thoa
⑪	かまう（Ⅰ）	どんな服でも**かまいません**。	care, matter để tâm, bận tâm
⑫	変（な）	**変**な格好をしないようにしています。	strange kì quái, khác thường

（かくにん）

1 (1) そのスーツは、あなたにとてもよく（　　　　　　て）います。

(2) 息子は髪が長くなったので、（　　　　　　）へ髪を切りに行きました。

(3) 駅に着いて、町を見物するために、スーツケースを（　　　　　　）に入れました。

(4) この喫茶店は、朝10時に（　　　　　　）します。

(5) このズボンはサイズがちょうどいいので、（　　　　　　）をしなくてもいいです。

(6) すてきな服なら、値段が高くても（　　　　　　）ません。買います。

(7) 絵を描いて、色鉛筆で色を（　　　　　　）ました。

(8) どこからか、（　　　　　　）音がします。

(9) 交通ルールと（　　　　　　）を守って、運転しましょう。

2 いいものを一つ選んでください。

(1) 毎年、人気がある{ ファシオン・ファッション・ファシャン }は変わります。

(2) 来週、新しいデパートが{ オプーン・オーブン・オープン }します。

3 (　　　　)に左のページの①～⑫のことばを書いてください。

(1) 母に(　　　　　　)を買ってもらいました。　(2) 髪が短いほうが(　　　　　)ますね。

(3) 山に登るときは、どんな(　　　　　)で行ったらいいですか。

(1) 　(2) 　(3)

（じっせん）

1 (　　　)に なにを いれますか。いちばん いい ものを 一つ えらんで ください。

(1) この パソコンを じゆうに つかっても (　　　)。

　　a. いかがですか　　　b. にあいません　　　c. かまいません　　　d. いけません

(2) しょくじの (　　　)が わるかったら、はずかしいです。

　　a. オープン　　　　　b. スタート　　　　　c. マナー　　　　　　d. ルール

2 ＿＿＿の ぶんと だいたい おなじ いみの ぶんを 一つ えらんで ください。

(1) 駅前の デパートは 10時に オープンします。

　　a. 駅前の デパートは 10時まで じゅんびします。

　　b. 駅前の デパートは 10時から じゅんびします。

　　c. 駅前の デパートは 10時まで かいものする ことが できます。

　　d. 駅前の デパートは 10時から かいものする ことが できます。

(2) パーティーなのに、あの 人は へんな かっこうを して います。

　　a. パーティーなのに、あの 人は おもしろい かっこうを して います。

　　b. パーティーなのに、あの 人は つまらない かっこうを して います。

　　c. パーティーなのに、あの 人は おとなしい かっこうを して います。

　　d. パーティーなのに、あの 人は おかしい かっこうを して います。

①	ソファー	大きな**ソファー**に座っています。	sofa ghế sofa
②	クーラー	暑いので、**クーラー**をつけました。	air conditioner máy lạnh
③	ストーブ	寒いので、**ストーブ**をつけました。	stove, heater lò sưởi
④	リモコン	エアコンの**リモコン**はどこですか。	remote control cái điều khiển
⑤	ライト	暗くなると、**ライト**がつきます。	light đèn
⑥	バケツ	**バケツ**に水を入れます。	bucket cái xô
⑦	プラスチック	このバケツは**プラスチック**です。	plastic nhựa
⑧	暮らす（Ⅰ）	大きな家で**暮らし**ています。	live sống
⑨	分ける（Ⅱ）	ゴミを**分けて**、捨ててください。 友達がおかしを**分けて**くれました。	separate, share phân loại, phân chia
⑩	燃やす（Ⅰ）	このゴミは**燃やす**ことができます。	burn đốt
⑪	沸く（Ⅰ）	お湯が**沸いた**ので、お茶を入れましょう。	boil sôi
⑫	冷える（Ⅱ）	エアコンで部屋がよく**冷えて**います。	cool, get cold lạnh đi, nguội đi
⑬	臭い	ゴミを置いておくと、**臭く**なります。	smelly hôi, thối

かくにん

1 (1) お湯が（　　　　　　て）いますから、火を止めてください。

(2) （　　　　　　　）をつけると、涼しくなります。

(3) 庭で、家庭のごみを（　　　　　て）はいけません。

(4) 瓶と缶は（　　　　　て）、ここに捨ててください。

(5) このビールは冷蔵庫に入れておいたので、よく（　　　　　て）います。

(6) そちらの（　　　　　）にお座りください。

(7) （　　　　　　）をつけたので、部屋が暖かくなりました。

(8) 世界中で（　　　　　）のごみのことが問題になっています。

(9) ずっと家族みんなで幸せに（　　　　　）たいです。

(10) お風呂に入らないと、体が（　　　　　）なります。

2 (　　　) に左のページの①〜⑬のことばを書いてください。

(a　　　　　)

(b　　　　　)

(c　　　　　)

(d　　　　　)

(e　　　　　)

(f　　　　　)

（じっせん）

1 (　　　) に　なにを　いれますか。いちばん　いい　ものを　一つ　えらんで　ください。

(1) ここで　せきゆを　(　　　)、電気を　つくって　います。

　　a. わいて　　　　　　b. わけて　　　　　　c. くらして　　　　　d. もやして

(2) クーラーが　ずっと　つけて　あったので、へやが　とても　(　　　)　います。

　　a. わいて　　　　　　b. ひえて　　　　　　c. わかして　　　　　d. ひやして

(3) きょうだいで　おかしを　(　　　)　とき、いつも　けんかしました。

　　a. くらす　　　　　　b. もやす　　　　　　c. たのむ　　　　　　d. わける

2 ＿＿＿＿の　ぶんと　だいたい　おなじ　いみの　ぶんを　一つ　えらんで　ください。

(1) わたしの　りょうしんは　いなかで　くらして　います。

　　a. わたしの　りょうしんは　いなかで　はたらいて　います。

　　b. わたしの　りょうしんは　いなかで　せいかつして　います。

　　c. わたしの　りょうしんは　いなかで　そだてて　います。

　　d. わたしの　りょうしんは　いなかで　あそんで　います。

(2) へやが　くさかったので、まどを　あけました。

　　a. へやの　空気が　へんだったので、まどを　あけました。

　　b. へやの　おんどが　高かったので、まどを　あけました。

　　c. へやが　いやな　においが　したので、まどを　あけました。

　　d. へやが　くらかったので、まどを　あけました。

①	最初	朝起きて、**最初**に顔を洗います。	first đầu tiên
②	最後	パーティーの**最後**にあいさつをしました。	last cuối cùng
③	両方	お茶とコーヒー、**両方**を買いました。	both cả hai
④	食料品	スーパーで**食料品**を買います。	groceries thực phẩm
⑤	用意(する)	お茶とケーキを**用意**しました。	prepare chuẩn bị sẵn
⑥	配る(Ⅰ)	ケーキをみなさんに**配り**ます。	distribute, hand out, deliver phân phát
⑦	盗む(Ⅰ)	泥棒にお金を**盗ま**れました。	steal trộm, cắp
⑧	鳴る(Ⅰ)	電話が**鳴っ**ています。	ring kêu, reo
⑨	下りる(Ⅱ)	階段を**下り**て、玄関に行きました。	go down đi xuống, hạ xuống
⑩	起こす(Ⅰ)	毎朝、母が**起こし**てくれます。	wake (someone) up đánh thức
⑪	祈る(Ⅰ)	食事のまえに**祈り**ます。	pray cầu nguyện

かくにん

1 (1) まず、会議に出席する人に資料を(　　　　て)ください。

(2) 時計が大きな音で(　　　　た)ので、びっくりしました。

(3) 大学に入学した(　　　　)の日は、とても緊張しました。

(4) 「お母さん、あしたは6時に(　　　　て)ね。」

(5) 財布を(　　　　た)のに、気がつきませんでした。

(6) 毎週日曜日に、教会へ行って、(　　　　)ます。

(7) 来週は父の誕生日なので、プレゼントを(　　　　)しました。

(8) エレベーターで1階まで(　　　　)ます。

(9) ケーキもチョコレートも(　　　　)好きです。

(10) 好きな物は初めに食べないで、いちばん(　　　　)に食べます。

2 スーパーで買い物をしました。食料品は、a〜eのどれですか。○をつけてください。

a

b

c

d

e

じっせん

1 (　　　)に なにを いれますか。いちばん いい ものを 一つ えらんで ください。

(1) だれかに パスポートを (　　　)、こまって います。

　　a. ぬすまれて　　　　b. わたされて　　　　c. なくなって　　　　d. くばられて

(2) あさ はやく、母に (　　　)ので、とても ねむいです。

　　a. おきた　　　　　　b. おこされた　　　　c. おこした　　　　　d. おきられた

(3) (　　　)まで あきらめないで ください。

　　a. さいしょ　　　　　b. さいご　　　　　　c. りょうほう　　　　d. きょう

(4) エレベーターで 1かいの ロビーまで (　　　)。

　　a. おりました　　　　b. さがりました　　　c. のりました　　　　d. かよいました

2 つぎの ことばの つかいかたで いちばん いい ものを 一つ えらんで ください。

(1) くばる

　　a. 6月と 12月に ボーナスを くばります。

　　b. アルバイトで、あさ 新聞を くばって います。

　　c. かんと びんを くばって、すてました。

　　d. 先生に しゅくだいの レポートを くばりました。

(2) なる

　　a. にわで いぬが なって います。

　　b. 車が はしる おとが なって います。

　　c. 電話が なったので、出ました。

　　d. あかちゃんが なるので、こまって います。

① 専門	わたしの**専門**は経済です。	specialty chuyên môn
② テキスト	専門の**テキスト**で勉強します。	textbook sách giáo khoa
③ レベル	上の**レベル**のクラスに入りました。	level cấp độ
④ 割合	外国人学生の**割合**が増えてきました。	percentage tỷ lệ
⑤ 仕方	計算の**仕方**を教えてもらいました。	way cách làm, phương pháp
⑥ 先輩	**先輩**はとても親切です。	senior tiền bối, người đi trước
⑦ ～以外	専門**以外**のことも勉強したいです。	apart from ~, except for ~ ngoại ra ~
⑧ ～以内	1週間**以内**にレポートを出します。	within ~ trong khoảng ~
⑨ 決まる（Ⅰ）	将来の夢はまだ**決まって**いません。	be decided quyết định
⑩ 比べる（Ⅱ）	去年と**比べて**、日本語が上手になりました。	compare so với
⑪ 大事（な）	これは試験に出る**大事な**ところです。	important quan trọng
⑫ ちっとも	勉強は**ちっとも**大変じゃないです。	not a bit không ~ một chút gì
⑬ どんどん	**どんどん**英語が上手になります。	more and more dần dần

かくにん

1 (1) この人形は子どものときからずっと（　　　　　）にしています。

(2) ホームステイする家がきのう（　　　　　）ました。

(3) 引っ越ししたら、14日（　　　　　）に新しい住所を知らせてください。

(4) この映画は（　　　　　）おもしろくありませんでした。

(5) 大学で日本の歴史を（　　　　　）に研究しています。

(6) 日本語を勉強するために、（　　　　　）を買いました。

(7) このデパートはお正月（　　　　　）、休みがありません。

(8) 日本では、子どもが少なくなって、70歳以上の人の（　　　　　）が増えています。

(9) 1年まえと（　　　　　て）、3センチ、背が高くなりました。

2 大学で学生が先生に相談しています。（　　　　）に左のページの①〜⑬のことばを書いて
ください。

3年生の(a　　　　　)が(b　　　　　)の勉強はおもしろいと言っていました。
(a　　　　　)に勉強の(c　　　　　)も教えてもらえるし、わたしも上のクラ
スで(b　　　　　)の勉強がしたいです。

そうですか。でも、今は、自分の(d　　　　　)に合ったクラス
で勉強したほうがいいですよ。(b　　　　　)の(e　　　　　)
を貸してあげますから、読んでみたらどうですか。

じっせん

1 （　　　　）に なにを いれますか。いちばん いい ものを 一つ えらんで ください。

(1) どうして そんな （　　　　） ことを 言わなかったんですか。

　　a. しんぱいな　　　　b. じょうぶな　　　　c. だいじな　　　　d. へんな

(2) へやには わたし（　　　　） だれも いません。

　　a. いない　　　　b. いがい　　　　c. いじょう　　　　d. いか

2 つぎの ことばの つかいかたで いちばん いい ものを 一つ えらんで ください。

(1) どんどん

　　a. なつに なったら、どんどん あついです。

　　b. 新しい ことを どんどん べんきょうしたいです。

　　c. べんきょうは どんどん むずかしいです。

　　d. たくさん はしったので、どんどん つかれて います。

(2) ちっとも

　　a. この 本は ちっとも つまらないです。

　　b. この テストは ちっとも むずかしくなかったです。

　　c. かぞくに 会えなくて、ちっとも さびしいです。

　　d. へやは ちっとも きたないので、そうじしました。

①	技術 ぎじゅつ	この機械には新しい技術が使われています。	technology kỹ thuật
②	産業 さんぎょう	国内の産業を守る必要があります。	industry công nghiệp, sản nghiệp
③	国際 こくさい	東京で国際会議が行われます。	international quốc tế
④	貿易 ぼうえき	この会社は中国と貿易を行っています。	trade mậu dịch, ngoại thương
⑤	パートタイム	パートタイムで働いています。	part-time làm việc bán thời gian
⑥	計画（する） けいかく	会社を大きくする計画があります。	make a plan kế hoạch
⑦	生産（する） せいさん	工場で新しい製品を生産しています。	produce sản xuất
⑧	承知（する） しょうち	「はい。承知しました。」	understand, consent chấp nhận, đồng ý
⑨	進む（Ⅰ） すす	新しい計画が進んでいます。 この道をまっすぐ進むと駅があります。	progress, go along tiến lên, tiến triển, tiến bộ
⑩	済む（Ⅰ） す	この仕事が済んだら、帰ろう。	be finished hoàn tất
⑪	勤める（Ⅱ） つと	日本の会社に勤めています。	work làm việc
⑫	盛ん（な） さか	自動車産業が盛んな国です。	thriving phổ biến, thịnh hành
⑬	楽（な） らく	楽な仕事はないと思います。 動きやすい楽な服で来てください。	easy, comfortable thoải mái, đơn giản
⑭	ほとんど	わたしの会社は残業がほとんどありません。	hardly hầu hết ~ không

かくにん

1 (1) 日本で（　　　　）された製品は、少し高いです。

(2) この町には、（　　　　）的なコンピューターの会社があります。

(3) ロボット（　　　　）は、これからもっと（　　　　）になるでしょう。

(4) 毎年、新しい（　　　　）を使った製品が作られています。

(5) 父は、銀行に25年（　　　　）ました。

(6) 子どもが小さいので、（　　　　）で働いています。

(7) 問題があって、計画はまだあまり（　　　　で）いません。

(8) 食事が（　　　　だ）ら、お皿をキッチンまで運んでください。

(9) 12月に友達とダンスパーティーを（　　　　）しています。

2 (　　　) に左のページの①〜⑭のことばを書いてください。

(1) わたしの会社は、海外とお茶の (　　　　　) を行っています。

(2) 頭が痛かったですが、薬を飲んだら (　　　　　) になりました。

(3) お風呂の掃除が (　　　　　だ) ので、次は洗濯をしよう。

(1) 　　　(2) 　　　(3)

じっせん

1 (　　　) に なにを いれますか。いちばん いい ものを 一つ えらんで ください。

(1) この こうじょうでは テレビなどが (　　　) されて います。

　　a. せいさん　　　　　b. けいかく　　　　　c. しょうち　　　　　d. さんぎょう

(2) この 道を まっすぐ (　　　) と、こうえんが あります。

　　a. とおる　　　　　b. つとめる　　　　　c. すすむ　　　　　d. すぎる

(3) おきゃくさん：「タクシーを よんで ください。」

　　ホテルの 人：「はい、(　　　)。」

　　a. しょうちしました　b. けいかくしました　c. いってらっしゃい　d. やくそくします

2 つぎの ことばの つかいかたで いちばん いい ものを 一つ えらんで ください。

(1) ほとんど

　　a. きょうは、とても いそがしくて、<u>ほとんど</u> たいへんでした。

　　b. さむいから まどは <u>ほとんど</u> しめた ほうが いいです。

　　c. わたしは <u>ほとんど</u> 7時に いえを 出て、会社へ 行きます。

　　d. きのうの よるは、あつくて、<u>ほとんど</u> ねられませんでした。

(2) らく

　　a. この テストは <u>らく</u>なので、すぐに おわりました。

　　b. じぶんの へやでは <u>らく</u>な かっこうを して います。

　　c. きのうの パーティーは とても にぎやかで <u>らく</u>でした。

　　d. おふろに <u>らく</u>に 入ったら、きもちが いいです。

①	腕	重い荷物を運んだので、腕が痛いです。	arm cánh tay
②	首	祖父の首は短くて、太いです。	neck cổ
③	背中	だれかに背中を押されました。	back lưng
④	指	ナイフで指を切ってしまいました。	finger ngón tay
⑤	爪	爪が長くなったので、切りました。	nail móng tay
⑥	毛	髪の毛が落ちています。	hair lông, tóc
⑦	ひげ	父は鼻の下にひげがあります。	beard, mustache râu
⑧	血	けがをして、血が出ています。	blood máu
⑨	マスク	風邪をひいたので、マスクをします。	mask khẩu trang
⑩	注射(する)	注射したら、熱が下がりました。	inject tiêm
⑪	生きる(Ⅱ)	祖母に、長く生きてほしいです。	live sống
⑫	ひどい	事故でひどいけがをしました。	terrible, bad tồi tệ

かくにん

1 ( )に上の①～⑫のことばを書いてください。

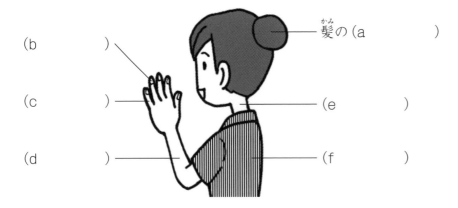

髪の(a   )

(b   )

(c   )

(d   )

(e   )

(f   )

2 ( )に左のページの①〜⑫のことばを書いてください。

(1) せきが出るので、(　　　　　)をしています。

(2) わたしのおじは(　　　　　)があります。

(3) (　　　　　)は痛いので、嫌いです。

(4) 子どもがお父さんの(　　　　　)に乗って、遊んでいます。

(5) どうしたんですか。足から(　　　　　)が出ていますよ。

(6) 春は、犬の(　　　　　)が落ちるので、掃除が大変です。

(1)

(2) 　(3) 　(4) 　(5) 　(6)

じっせん

1 (　　　)に なにを いれますか。いちばん いい ものを 一つ えらんで ください。

(1) おじいさんは 100さいまで (　　　)。

　　a. いきました　　　　b. しにました　　　　c. くらしました　　　d. わかれました

(2) びょうきか どうか しらべる ために、(　　　)を とりました。

　　a. せなか　　　　　　b. ち　　　　　　　　c. くび　　　　　　　d. うで

2 ＿＿＿＿の ぶんと だいたい おなじ いみの ぶんを 一つ えらんで ください。

(1) これから 雨が ひどく なるそうです。

　　a. これから 雨が やっと やむそうです。

　　b. これから 雨が 少し ふるそうです。

　　c. これから 雨が つよく なるそうです。

　　d. これから 雨が よわく なるそうです。

(2) 毎日 たのしく いきて います。

　　a. 毎日 たのしく くらして います。

　　b. 毎日 たのしく せわして います。

　　c. 毎日 たのしく あそんで います。

　　d. 毎日 たのしく はたらいて います。

①	草（くさ）	馬が**草**を食べています。	grass cỏ
②	石（いし）	きれいな**石**を拾いました。	stone đá
③	砂（すな）	**砂**で山を作って、遊びました。	sand cát
④	虫（むし）	大きな**虫**がいて、びっくりしました。	insect côn trùng
⑤	森（もり）	1時間ぐらい**森**の中を歩きました。	forest rừng
⑥	雲（くも）	窓から青い空と白い**雲**が見えます。	cloud mây
⑦	流れる（ながれる）（Ⅱ）	町の中を川が**流れ**ています。	flow chảy, trôi
⑧	回る（まわる）（Ⅰ）	月は地球の周りを**回っ**ています。	go round, rotate xoay vòng quanh
⑨	揺れる（ゆれる）（Ⅱ）	風で木の葉が**揺れ**ています。	sway, shake rung lắc, đung đưa
⑩	光る（ひかる）（Ⅰ）	夜の空に星が**光っ**ています。	shine, glow, flash tỏa sáng
⑪	積もる（つもる）（Ⅰ）	山に雪が**積もっ**ています。	accumulate, pile up chất đống
⑫	吹く（ふく）（Ⅰ）	涼しい風が**吹い**てきました。	blow thổi (gió)
⑬	捕まえる（つかまえる）（Ⅱ）	庭で虫を**捕まえ**ました。 警察が泥棒を**捕まえ**ました。	catch, arrest bắt, bắt giam
⑭	浅い（あさい）	この川は**浅い**ので、子どもがよく遊んでいます。	shallow nông, cạn
⑮	深い（ふかい）	**深い**海の中を見てみたいです。	deep sâu

かくにん

1 （　　　　）に上の①～⑮のことばを書いてください。

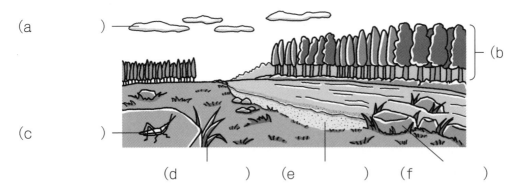

(a　　　　)

(b　　　　)

(c　　　　)

(d　　　　)　(e　　　　)　(f　　　　)

2 (　　　　) に左のページの①〜⑮のことばを書いてください。

(1) 空が (　　　　　　て)、雷の音が聞こえてきました。

(2) あっ、家が (　　　　　　て) います。地震です！

(3) 強い風が (　　　　　　て) います。

(4) 子どもは (　　　　　) プールで遊んでください。こちらの (　　　　　) プールに入って
遊ばないでください。

(1) 　　(2) 　　(3) 　　(4)

じっせん

1 (　　　) に なにを いれますか。いちばん いい ものを 一つ えらんで ください。

(1) 木から おちた はが たくさん にわに (　　　) います。

　　a. ゆれて　　　　　b. いれて　　　　　c. とまって　　　　　d. つもって

(2) ニュースで けいさつが どろぼうを (　　　) と 聞きました。

　　a. とった　　　　　b. おこした　　　　c. つかまえた　　　d. ぬすんだ

(3) ちきゅうは 24時間で 1かい (　　　)。

　　a. くばります　　b. まわります　　c. ゆれます　　　d. ふきます

2 つぎの ことばの つかいかたで いちばん いい ものを 一つ えらんで ください。

(1) ながれる

　　a. ねて いる とき、こわい ゆめが <u>ながれました</u>。

　　b. たくさんの 木の はが 川を <u>ながれて</u> います。

　　c. きれいな 魚が いけを <u>ながれて</u> います。

　　d. ジュースが グラスから <u>ながれて</u> しまいました。

(2) ふかい

　　a. 10ページの <u>ふかい</u> レポートを 書きました。

　　b. <u>ふかい</u> コーヒーが すきなので、よく 飲みます。

　　c. この じしょは <u>ふかい</u>ので、とても おもいです。

　　d. ここから むこうは <u>ふかい</u>ので、気を つけて ください。

1. （ ）に なにを いれますか。1・2・3・4から いちばん いい ものを ひとつ えらんで ください。

1 ぎんこうに （ ）から スーパーへ 行きます。

1 おろして　　　2 はいって　　　3 ついて　　　4 よって

2 えいごの べんきょうの （ ）を おしえて ください。

1 おれい　　　2 しかた　　　3 そうさ　　　4 ねだん

3 雨に ぬれて、からだが （ ） しまいました。

1 こわれて　　　2 つかれて　　　3 ひえて　　　4 やせて

4 ことばと ぶんかの （ ）に ついて けんきゅうして います。

1 いけん　　　2 かんけい　　　3 りゆう　　　4 わりあい

5 せまい 道で （ ）を 出すと、あぶないです。

1 スピード　　　2 メンバー　　　3 ライト　　　4 レベル

6 この プールは （ ）ので、子どもは 入らないで ください。

1 あさい　　　2 たかい　　　3 ひくい　　　4 ふかい

7 この むらでは とても ゆうめいな おちゃが （ ）されて います。

1 きょうそう　　　2 けいかく　　　3 せいさん　　　4 そうだん

2. ＿＿の ぶんと だいたい おなじ いみの ぶんが あります。1・2・3・4から いちばん いい ものを ひとつ えらんで ください。

1 サッカーが さかんに なりました。

1 サッカーを する 人が へりました。

2 サッカーを する 人が ふえました。

3 サッカーが たのしく なりました。

4 サッカーが つまらなく なりました。

2 わたしは　たなかさんに　あやまりました。

1 わたしは　たなかさんに　「ありがとう」と　言いました。

2 わたしは　たなかさんに　「ごめんなさい」と　言いました。

3 わたしは　たなかさんに　「いっしょに　あそびましょう。」と　言いました。

4 わたしは　たなかさんに　「いっしょに　かえりましょう。」と　言いました。

3. つぎの　ことばの　つかいかたで　いちばん　いい　ものを　1・2・3・4から
ひとつ　えらんで　ください。

1 わく

1 あさの　電車は　人が　多くて、わいて　います。

2 だんぼうを　つけて　おいたので、へやが　わいて　います。

3 おゆが　わきましたが、何を　飲みますか。

4 あつく　わいた　シャワーは　きもちが　いいです。

2 おどろく

1 きゅうに　へやから　人が　出て　きて　おどろきました。

2 わたしの　むすめは　じょうずに　おどろきます。

3 ていねいに　おどろいて、おれいを　言います。

4 先週　先生の　おたくに　おどろきました。

3 ぎじゅつ

1 わたしの　まちは　かいがいと　ぎじゅつが　さかんです。

2 わたしの　大学の　ぎじゅつは　コンピューターです。

3 車の　ぎじゅつが　こわれたので、しゅうりして　ください。

4 この　きかいは　新しい　ぎじゅつを　つかって　つくりました。

かぞえる

□1.　〜パーセント　~ percent / ~ phần trăm　　50パーセント

□2.　〜点（てん）　~ point / ~ điểm　　テストで100点を取りました。

□3.　〜度（ど）　~ degree / ~ độ　　熱が38度あります。

□4.　〜センチ（メートル）　~ centimeter / ~ centimet　　身長は160センチです。

□5.　〜杯（はい・ばい・ぱい）　~ cup/glass (counter for cups/glasses) / ~ cốc　　お茶を1杯飲みます。

□6.　〜匹（ひき・びき・ぴき）　~ animal (counter for animals) / ~ con　　犬が1匹います。

□7.　〜台（だい）　~ car/machine (counter for machines) / ~ chiếc/cái　　車を2台持っています。

□8.　〜軒（けん・げん）　~ house (counter for houses) / ~ căn　　家が3軒あります。

□9.　〜目（め）　~st/nd/rd/etc. (indicates an ordinal number) / thứ ~　　二つ目の角を曲がってください。

じかん

□10.　〜月（つき）　~ month (counter for months) / tháng ~　　一月、二月

□11.　〜年間（ねんかん）　for ~ year (counter for years) / ~ năm　　日本に2年間住んでいました。

□12.　〜泊（はく・ぱく）（する）　~ night's/nights' stay / ~ đêm　　ホテルに1泊します。

人のこと

□13.　〜くん　(informal title used after names of boys) / cậu ~ (cách gọi lịch sử dùng cho con trai)　　たけしくん

□14.　〜ちゃん　(informal/affectionate title used after names of children, mainly used for girls) / bé ~ (cách gọi lịch sự dùng cho trẻ em, chủ yếu cho con gái)　　ゆうこちゃん、けんちゃん

□15.　〜様（さま）　Mr./Ms. ~ (formal) / ngài/ông/cô/bà ~　　田中様、お子様

☐ 1. ～年生（ねんせい）　~ grade/year / học sinh năm ~　　大学1年生、高校3年生

☐ 2. ～員（いん）　~ employee / nhân viên ~　　会社員、銀行員

☐ 3. ～家（か）　~ist/ian / nhà/người ~　　マンガ家、音楽家

☐ 4. ～式（しき）　~ ceremony / lễ ~　　結婚式、卒業式

☐ 5. ～番（ばん）　~st/nd/rd/etc. (indicates order or ranking) / số/thứ tự ~　　テストで1番になりました。

☐ 6. ～ずつ　~ each / mỗi ~　　子どもにパンを二つずつあげます。

☐ 7. ～製（せい）　made in ~ / sản phẩm của ~　　日本製の車

☐ 8. ～方（かた）　how to ~ / cách ~　　漢字の読み方がわかりません。

☐ 9. ～中（じゅう）　all ~ / trong suốt ~　　ここは1年中寒いです。

☐ 10. ～以上（いじょう）　~ or more / trên ~　　本を半分以上読みました。

☐ 11. ～以下（いか）　~ or less / dưới ~　　3歳以下の子ども

☐ 12. ～代（だい）　~ fare/bill / phí/tiền ~　　電気代、電話代、バス代

☐ 13. ～側（がわ）　~ side / phía ~　　ナイフは皿の右側に置きます。

☐ 14. ～用（よう）　for ~ / chuyên dụng cho/dùng cho ~　　子ども用のフォークをください。

☐ 15. ～始める（はじめる）　start to ~ / bắt đầu ~　　食べ始める、読み始める

☐ 16. ～終わる（おわる）　finish ~ing / kết thúc/xong ~　　食べ終わる、読み終わる

じつりょくようせいへん
実力養成編　第2部　難しいことばにチャレンジしよう

Skills development　Part 2　Tackling difficult words

Phát triển năng lực　Phần 2　Hãy thử với những từ vựng nâng cao

①	ご存じ	先生は何でも**ご存じ**です。	know biết
②	おっしゃる（Ⅰ）	先生は「来週試験をする」と**おっしゃいま**した。	say nói
③	召し上がる（Ⅰ）	先生はいつもお茶を**召し上がります**。	eat, drink ăn, uống
④	ご覧になる（Ⅰ）	先生はよく時計を**ご覧になります**。	look at, see nhìn
⑤	なさる（Ⅰ）	先生は来月結婚**なさいます**。	do làm
⑥	おいでになる（Ⅰ）	先生は9時に**おいでになります**。	come, go đến, tới
⑦	申し上げる（Ⅱ）	先生にお礼を**申し上げました**。	tell nói
⑧	拝見する（Ⅲ）	先生からの手紙を**拝見しました**。	read, see xem
⑨	いたす（Ⅰ）	お客様に私がご説明を**いたします**。	do làm
⑩	申す（Ⅰ）	ベトナムから来たグエンと**申します**。	say, tell, (one's name) is nói, tên là ~
⑪	参る（Ⅰ）	私は朝9時に会社に**参ります**。	come, go đến, tới
⑫	おる（Ⅰ）	私は5時まで会社に**おります**。	be, have có mặt, ở

かくにん

1 例）社長は、今、会議室に（います…いらっしゃいます）。

(1) 社長は、きょうは、映画を（見ます…　　　　）。

(2) 社長は、会社のことは、何でも（知っています…　　　　）。

(3) 社長は、毎週、テニスを（します…　　　　）。

(4) 社長は、よくわたしたちに「元気か」と（言います…　　　　）。

(5) 社長は、だいたい会社の外で昼ごはんを（食べます…　　　　）。

(6) 社長は、11時ごろ会社に（来ます…　　　　）。

(7) 社長が若いときのお写真をお宅で（見ました…　　　　）。

(8) 私は、社長に時々自分の意見を（言います…　　　　）。

(9) 私は、明日、京都に（行きます…　　　　）。

(10) 私は、兄弟が3人（います…　　　　）。

(11) 私が資料のコピーを（します…　　　　）。

2 （　　　　）に 左のページの①〜⑫のことばを 書いてください。

　私はAAA社の社長の秘書*で、田中一郎と（a　　　　）ます。AAA社に10年勤めて（b　　　　）ます。きょうは皆さんに 私の一日の仕事を少し紹介（c　　　　）ます。
　毎朝10時に社長が会社に（d　　　　）と、私はすぐに社長の部屋に（e　　　　）ます。社長は部屋でコーヒーを（f　　　　）ながら、新聞を（g　　　　）ます。社長はよく海外に出張（h　　　　）ので、世界のいろいろな国についてよく（i　　　　）です。午後、私はずっと社長の部屋に（j　　　　）ます。社長が作られた会議の資料を（k　　　　て）、その資料について、社長に自分の意見を（l　　　　た）りしています。5時になると、社長は私に「お先に」と（m　　　　て）、お帰りになります。

　　　　　　　　　　　　　　　　　　　　　　　*秘書…secretary　thu ki

じっせん

1 （　　　）に なにを いれますか。いちばん いい ものを 一つ えらんで ください。

(1) はじめまして。わたしは　すずきようこと　（　　　）。よろしく　おねがいいたします。
　　a. おっしゃいます　　b. おいでに　なります　c. もうします　　　　d. もうしあげます

(2) 先生は　しゅうまつに　よく　テニスを　（　　　）そうです。
　　a. して　まいる　　　b. なさる　　　　　　c. して　おる　　　　d. いたす

2 つぎの　ことばの　つかいかたで　いちばん　いい　ものを　一つ　えらんで　ください。

(1) はいけんする
　　a. わたしは　まいあさ、新聞を　はいけんします。
　　b. わたしは　社長と　いっしょに　テレビを　はいけんしました。
　　c. 社長の　ごかぞくの　おしゃしんを　はいけんしました。
　　d. えいがかんの　人が　わたしの　チケットを　はいけんしました。

(2) まいる
　　a. ぶちょう：「たなかくん、おきゃくさまが　まいったら　おしえて。」　たなか：「はい。」
　　b. ぶちょう：「やまだくん、ちょっと　来て。」　やまだ：「はい、すぐに　まいります。」
　　c. てんいん：「まいって　くださって、ありがとう　ございます。」　きゃく：「いいえ。」
　　d. 学生：「たんじょうびパーティーに　ぜひ　まいって　ください。」　先生：「ええ。」

48課 副詞①

①	とうとう	1時間待ったのに、彼は**とうとう**来ませんでした。	in the end cuối cùng, kết cục
②	なるべく	太りたくないので、甘い物は**なるべく**食べないようにしています。	as much as possible nếu có thể thì, hết mức có thể
③	だいぶ	4月になって、**だいぶ**暖かくなってきました。	considerably nhiều, rất, khá
④	それほど	日本の生活は大変だと聞いていましたが、**それほど**大変じゃありません。	that much đến mức như vậy
⑤	すっかり	きょうは母の誕生日でしたが、**すっかり**忘れていました。	completely hoàn toàn, toàn bộ, hết cả
⑥	けっして	親切にしてくださった太田さんのことは**けっして**忘れません。	never, by no means quyết ~ không, không bao giờ
⑦	非常に	佐藤先生は**非常に**厳しい先生です。	very rất
⑧	やはり／やっぱり	彼は来ないだろうと思っていましたが、**やはり**来ませんでした。 お正月に国へ帰るつもりでしたが、**やはり**帰らないことにしました。	as expected, after all quả nhiên, như tôi đã nghĩ, sau cùng thì

かくにん

1 上の①～⑧のことばを1回ずつ使ってください。

(1) 久しぶりに生まれた町に帰ったら、町が（　　　　　）変わっていて、びっくりしました。

(2) 鈴木さんは働きすぎて、（　　　　　）病気になってしまいました。

(3) 体のために、野菜を（　　　　　）たくさん食べるようにしています。

(4) 漢字は（　　　　　）読めませんが、小学生のレベルの漢字なら、大丈夫です。

(5) 初めての試験なので、合格は無理だと思っていましたが、（　　　　　）だめでした。

(6) テストが終わるまで、（　　　　　）話をしてはいけません。

(7) 会社に入って3か月なので、まだわからないことはありますが、（　　　　　）仕事を覚えました。

(8) みなさん、お知らせがあるので、聞いてください。（　　　　　）残念なことなんですが、来月で鈴木君がこの会社をやめることになりました。

2 いいほうを選んでください。

わたしは、最初は日本に {a　なるべく・それほど } 興味がありませんでしたが、友達に誘われて、日本語の勉強を始めました。2年勉強を続けて、{b　だいぶ・けっして } 日本語が話せるようになったので、3か月日本でホームステイをすることにしました。日本では {c　なるべく・けっして } 日本語を使うようにしました。わたしの日本語は {d　とうとう・けっして } 上手ではありませんでしたが、みんなは一生懸命わたしの話を聞いてくれました。3か月過ぎて、{e　とうとう・すっかり } 国へ帰る日が来ました。わたしは日本が {f　なるべく・すっかり } 好きになっていました。みんなと別れるとき、泣かないと決めたのに、悲しくて、{g　やはり・なるべく } 泣いてしまいました。短い時間でしたが、日本の生活は、{h　非常に・とうとう } いい経験になりました。

じっせん

1 (　　　)に　なにを　いれますか。いちばん　いい　ものを　一つ　えらんで　ください。

(1) きのうの　しけんは　(　　　)　むずかしく　なかったので、あんしんしました。

　　a. それほど　　　　　b. とうとう　　　　　c. ひじょうに　　　　d. なるべく

(2) 1か月　すぎて、日本の　せいかつにも、もう　(　　　)　なれました。

　　a. たまに　　　　　　b. けっして　　　　　c. だいぶ　　　　　　d. やっぱり

2 つぎの　ことばの　つかいかたで　いちばん　いい　ものを　一つ　えらんで　ください。

(1) けっして

　　a. わたしは　けっして　やくそくを　まもります。しんじて　ください。

　　b. ことしの　なつやすみに、けっして　ふじさんに　のぼる　つもりです。

　　c. あぶない　ことは、けっして　しないで　くださいね。

　　d. エレベーターに　のらないで、けっして　かいだんを　つかうように　しています。

(2) すっかり

　　a. こうつうじこで　けがを　しましたが、今は　すっかり　なおりました。

　　b. けっこんしようと　おもって　いましたが、すっかり　しない　ことに　しました。

　　c. 友だちの　名前を　すっかり　まちがえて　しまいました。

　　d. たのしみに　して　いた　りょこうが　ちゅうしに　なって、すっかり　しました。

①	ちゃんと	このお皿、まだ汚れていますよ。**ちゃんと**洗ってください。	properly cẩn thận, kỹ càng
②	けっこう	このパンは安いのに、**けっこう**おいしいですね。	quite, more than expected tương đối, khá là
③	特に	動物はみんな好きですが、**特に**猫が好きです。	particularly đặc biệt là
④	そんなに	東京は物価が高いですが、田舎は**そんなに**高くないです。	that much đến thế, đến như vậy
⑤	もちろん	オウさんは中国人ですから、**もちろん**、中国語が話せます。	of course đương nhiên, tất nhiên
⑥	ずいぶん	この店は駅の前にあるのに、**ずいぶん**すいていますね。	really, quite tương đối, khá là
⑦	きっと	イーさんは頭がいいから、**きっと**試験に合格するでしょう。	surely chắc hẳn là, chắc chắn
⑧	かなり	この店はほかの店と比べると、**かなり**値段が高いです。	quite rất là, khá là

かくにん

1 上の①〜⑧のことばを1回ずつ使ってください。

(1) きのうはとても暑かったですが、きょうは（　　　　　　　）暑くないですね。

(2) この店の料理はどれもおいしいですが、カレーは（　　　　　　　）おいしいですよ。

(3) 体のために、朝ごはんは毎日（　　　　　　　）食べたほうがいいですよ。

(4) A：（　　　　　　　）忙しそうですね。お手伝いしましょうか。

　　B：いいんですか。じゃあ、ちょっとお願いします。

(5) A：沖縄へ行ってみたいですか。

　　B：（　　　　　　　）です。ぜひ行きたいです。

(6) チンさんはカラオケが嫌いだから、誘っても、（　　　　　　　）来ないと思いますよ。

(7) 渡辺さんは中国に留学したことがあるから、中国語が（　　　　　　　）話せるんですよ。

(8) その映画は、みんなはつまらないと言っていますが、わたしは（　　　　　　　）おもしろかったです。

2 いいほうを選んでください。

わたしは、JLPTのN4に合格するために、今、文法と漢字を勉強しています。文法は
{a そんなに・ちゃんと }難しくないですが、漢字は {b きっと・かなり }難しいです。
{c そんなに・とくに }、形が複雑な漢字は覚えにくいです。でも、最近は {d ずいぶ
ん・とくに }漢字が読めるようになったと思います。
　ことしの7月の試験は、{e もちろん・ずいぶん }、受ける予定です。{f そんなに・
けっこう }心配ですが、{g きっと・とくに }合格できると思います。

(じっせん)

1 ( )に なにを いれますか。いちばん いい ものを 一つ えらんで ください。

(1) わたしは おさけが ( ) 飲めないので、1ぱいだけ おねがいします。

　　a. とうとう　　　　b. ちゃんと　　　　c. ずいぶん　　　　d. そんなに

(2) さいきん、雨の 日が つづいて いるので、あしたも ( ) 雨ですね。

　　a. きっと　　　　b. とくに　　　　c. けっこう　　　　d. すっかり

(3) この しごとは 毎日 いそがしいんですが、( ) すいようびは たいへんです。

　　a. ずいぶん　　　　b. もちろん　　　　c. けっして　　　　d. とくに

2 _____の ぶんと だいたい おなじ いみの ぶんを 一つ えらんで ください。

(1) わたしの 話を ちゃんと 聞いて ください。

　　a. わたしの 話を 少し 聞いて ください。

　　b. わたしの 話を よく 聞いて ください。

　　c. わたしの 話を ときどき 聞いて ください。

　　d. わたしの 話を たくさん 聞いて ください。

(2) この カレーは けっこう からいですね。

　　a. この カレーは からいと おもって いましたが、あまり からくないですね。

　　b. この カレーは からいと おもって いましたが、やはり からいですね。

　　c. この カレーは あまり からくないと おもって いましたが、からいですね。

　　d. この カレーは からくないと おもって いましたが、やはり からくないですね。

①	アイデア	何（なに）かいい**アイデア**がありますか。	idea ý tưởng, sáng kiến
②	テーマ	作文（さくぶん）の**テーマ**は「夢（ゆめ）」です。	theme chủ đề, đề tài
③	チェック（する）	傷（きず）がないかどうか**チェック**します。	check kiểm tra
④	結（むす）ぶ（Ⅰ）	靴（くつ）のひもを**結（むす）び**ます。	tie buộc
⑤	足（た）す（Ⅰ）	料理（りょうり）に塩（しお）を少（すこ）し**足（た）し**ます。	add thêm vào, cộng
⑥	動（うご）かす（Ⅰ）	机（つくえ）を少（すこ）し右（みぎ）に**動（うご）かして**ください。	move di chuyển, làm chuyển động
⑦	割（わ）る（Ⅰ）	花瓶（かびん）を落（お）として**割（わ）って**しまいました。	break, crack open làm vỡ, đập vỡ
⑧	うつる（Ⅰ）	風邪（かぜ）は人（ひと）に**うつる**病気（びょうき）です。	catch, infect truyền sang, lây sang
⑨	助（たす）ける（Ⅱ）	男（おとこ）の人（ひと）が、川（かわ）に落（お）ちた子（こ）どもを**助（たす）けました**。 困（こま）っている人（ひと）を**助（たす）けます**。	rescue, help cứu, giúp đỡ
⑩	適当（てきとう）（な）	（　）に**適当（てきとう）な**ことばを入（い）れましょう。 野菜（やさい）を**適当（てきとう）な**大（おお）きさに切（き）ります。	suitable thích hợp, lung tung, bừa bãi
⑪	不思議（ふしぎ）（な）	きのう**不思議（ふしぎ）な**夢（ゆめ）を見（み）ました。	strange sự kì quái
⑫	または	黒（くろ）、**または**青（あお）のペンで書（か）きましょう。	or hoặc
⑬	なるほど	A：「このやり方（かた）なら簡単（かんたん）ですよ。」 B：「**なるほど**。いいですね。」	I see. Thì ra là vậy.

かくにん

1 (1) 周（まわ）りの人（ひと）に風邪（かぜ）が（　　　　　　）ないように、マスクをしています。

(2) 赤（あか）ちゃんが元気（げんき）に手（て）や足（あし）を（　　　　　て）います。

(3) 野菜（やさい）を（　　　　　）大（おお）きさに切（き）ってください。

(4) 出（で）かけるまえに、忘（わす）れ物（もの）がないかどうか（　　　　　）します。

(5) （　　　　　　　）ですね。いつも遅（おく）れて来（く）る田中（たなか）さんが、きょうは早（はや）く来（き）ましたよ。

(6) 味（あじ）が濃（こ）いと思（おも）ったときは、水（みず）を（　　　　て）ください。

(7) きょうのこの番組（ばんぐみ）の（　　　　　　）は、「体（からだ）にいい野菜（やさい）」です。

(8) 【喫茶店（きっさてん）のメニュー】ケーキには、コーヒー、（　　　　　　）紅茶（こうちゃ）が付（つ）いています。

(9) 漢字（かんじ）の覚（おぼ）え方（かた）で、いい（　　　　　　）があったら教（おし）えてください。

2 ( ) に左のページの①～⑬のことばを書いてください。

(1) 道がわからなくて困っていた人を（ 　　　　）ました。

(2) 体を（ 　　　　）と、気持ちがいいです。

(3) 味が薄いので、料理に塩を（ 　　　　）ました。

(4) 出かけるとき、靴のひもをしっかり（ 　　　　）ました。

(5) わたしは卵を（ 　　　　）のが下手です。

(6) この病気は人に（ 　　　　）ますから、注意が必要です。

3 いいものを全部選んでください。

(1) {　ガラス・シャツ・コップ・自転車・傘・鏡・瓶　}を割ります。

(2) {　友達の引っ越し・友達の宿題・死にそうな犬・病気の人　}を助けます。

じっせん

1 ( ) に　なにを　いれますか。いちばん　いい　ものを　一つ　えらんで　ください。

(1) しけんの　ときは、名前を　書いたか　どうか、かならず　（　　　）して　ください。

　　a. アイデア　　　　　　b. テーマ　　　　　　c. チェック　　　　d. スピード

(2) あそこの　じてんしゃ、じゃまなので、ちょっと　（　　　）もらえませんか。

　　a. うつって　　　　　　b. うごかして　　　　c. たして　　　　　d. むすんで

2 つぎの　ことばの　つかいかたで　いちばん　いい　ものを　一つ　えらんで　ください。

(1) または

　　a. この　レストランは、りょうりも　おいしくて、<u>または</u>、サービスも　いいです。

　　b. りょこうに　さんかしたい　人は、メール、<u>または</u>、電話で　れんらくして　ください。

　　c. きょねん　とまった　ホテルが　とても　よかったので、<u>または</u>、行きたいです。

　　d. 先月　パソコンを　買いましたが、<u>または</u>　つかって　いません。

(2) なるほど

　　a. A：「かいぎの　じゅんび、てつだって　くれない？」　B：「<u>なるほど</u>。わかりました。」

　　b. A：「けさは　天気が　あまり　よくなかったですね。」　B：「<u>なるほど</u>。ざんねんですね。」

　　c. A：「おゆを　入れると　ラーメンが　できるんです。」　B：「<u>なるほど</u>。かんたんですね。」

　　d. A：「あした、いっしょに　えいがを　見ませんか？」　B：「<u>なるほど</u>。いいですよ。」

1. ( )に なにを いれますか。1・2・3・4から いちばん いい ものを ひとつ えらんで ください。

[1] あしたの パーティーに うかがえなくて、( ) ざんねんです。

　　1 きゅうに　　　　2 ひじょうに　　　3 すぐに　　　　4 たまに

[2] 先生が おおさかに いらっしゃった ときは、わたくしが あんない( )。

　　1 いたします　　2 まいります　　3 なさいます　　4 さしあげます

[3] ぶちょう、けさの ニュースを ( )か。

　　1 ごらんに なりました　　　　　2 おいでに なりました

　　3 はいけんしました　　　　　　　4 しょうちしました

[4] あ、あしたは つまの たんじょうびだ。( ) わすれて いた。

　　1 びっくり　　　2 すっかり　　　3 はっきり　　　4 がっかり

2. ___の ことばと だいたい おなじ いみの ものが あります。1・2・3・4から いちばん いい ものを ひとつ えらんで ください。

[1] からだの ために、なるべく おさけを 飲まないように して います。

　　1 けっして

　　2 かならず

　　3 できるだけ

　　4 なるほど

[2] 出かける まえに、わすれものが ないか どうか たしかめます。

　　1 ストップします

　　2 スタートします

　　3 オープンします

　　4 チェックします

☐1. ドア が 開く
　　　 を 開ける

☐2. 店 が 閉まる
　　　 を 閉める

☐3. 値段 が 上がる
　　　 を 上げる

☐4. 熱 が 下がる
　　　 を 下げる

☐5. 人 が 集まる
　　　 を 集める

☐6. 子どもたち が 並ぶ
　　　 を 並べる

☐7. ごみ が 落ちる
　　　 を 落とす

☐8. 色 が 変わる
　　　 を 変える

☐9. 火 が 消える
　　　 を 消す

☐10. 電気 が つく
　　　 を つける

☐11. 時間 が かかる
　　　 を かける

☐12. 予定 が 決まる
　　　 を 決める

☐13. パソコン が 壊れる
　　　 を 壊す

☐14. 故障 が 直る
　　　 を 直す

☐15. 木 が 折れる
　　　 を 折る

☐16. 自転車 が 止まる
　　　 を 止める

☐17. バッグに 本 が 入る
　　　 を 入れる

☐18. 水 が 出る
　　　 を 出す

☐19. 鍵 が なくなる
　　　 を なくす

☐20. 財布 が 見つかる
　　　 を 見つける

☐21. 授業 が 始まる
　　　 を 始める

☐22. 練習 が 続く
　　　 を 続ける

☐23. ジュース が 冷える
　　　 を 冷やす

☐24. パン が 焼ける
　　　 を 焼く

模擬試験
もぎしけん

Mock examination

Đề thi thử

1.（　）に　なにを　いれますか。1・2・3・4から　いちばん　いい　ものを　ひとつ

えらんで　ください。

1 来月の　学校の　りょこうに　（　　）したいと　おもって　います。

　　1　けいけん　　　　　2　しゅっせき　　　　3　さんか　　　　　　4　けんぶつ

2 たいふうで　木の　えだが　（　　）しまいました。

　　1　こわれて　　　　　2　おれて　　　　　　3　われて　　　　　　4　よごれて

3 レシートを　見たら、レジの　人が　（　　）を　まちがえて　いました。

　　1　おみやげ　　　　　2　おれい　　　　　　3　おかず　　　　　　4　おつり

4 あしたは　（　　）が　わるいので、あさってに　して　くれませんか。

　　1　きぶん　　　　　　2　やくそく　　　　　3　よてい　　　　　　4　つごう

5 大きな　おとが　したので、（　　）を　見に　行きました。

　　1　ぐあい　　　　　　2　ようじ　　　　　　3　けしき　　　　　　4　ようす

6 この　本は　（　　）し、じが　小さいので、読むのが　たいへんです。

　　1　うすい　　　　　　2　あつい　　　　　　3　すごい　　　　　　4　こい

7 しごとに　行く　ときは、いつも　くろい　くつを　（　　）行きます。

　　1　はいて　　　　　　2　きて　　　　　　　3　かけて　　　　　　4　かぶって

8 そこの　こうさてんで　車の　（　　）が　ありました。

　　1　じこ　　　　　　　2　けが　　　　　　　3　けんか　　　　　　4　きず

9 レポートは　1週間（　　）に　出して　ください。

　　1　いじょう　　　　　2　いか　　　　　　　3　いない　　　　　　4　いがい

10 花が　すきなので、にわに　花を　（　　）。

　　1　つけました　　　2　さきました　　　3　うえました　　　4　もちました

2.　＿＿の　ぶんと　だいたい　おなじ　いみの　ぶんが　あります。1・2・3・4から
　　いちばん　いい　ものを　ひとつ　えらんで　ください。

11　ばんごはんは　たいてい　うちで　食べます。

　　1　ばんごはんは　かならず　うちで　食べます。

　　2　ばんごはんは　ときどき　うちで　食べます。

　　3　ばんごはんは　ふつう　うちで　食べます。

　　4　ばんごはんは　たまに　うちで　食べます。

12　ここから　とおくの　山が　はっきり　見えます。

　　1　ここから　とおくの　山が　少し　見えます。

　　2　ここから　とおくの　山が　だいたい　見えます。

　　3　ここから　とおくの　山が　よく　見えます。

　　4　ここから　とおくの　山が　ときどき　見えます。

13　わたしの　高校は　いろいろな　ルールが　ありました。

　　1　わたしの　高校は　いろいろな　しゅうかんが　ありました。

　　2　わたしの　高校は　いろいろな　しけんが　ありました。

　　3　わたしの　高校は　いろいろな　きょうしつが　ありました。

　　4　わたしの　高校は　いろいろな　きそくが　ありました。

14　外国で、むかしの　友だちに　会って、おどろきました。

　　1　外国で、むかしの　友だちに　会って、あいさつしました。

　　2　外国で、むかしの　友だちに　会って、びっくりしました。

　　3　外国で、むかしの　友だちに　会って、よろこびました。

　　4　外国で、むかしの　友だちに　会って、がっかりしました。

15 コンサートが　はじまる　時間に　まに　あいませんでした。

1　コンサートが　はじまる　時間に　つきました。

2　コンサートが　はじまる　時間より　はやく　つきました。

3　コンサートが　はじまる　時間より　おそく　つきました。

4　コンサートが　はじまる　時間に　ついて　いました。

3.　つぎの　ことばの　つかいかたで　いちばん　いい　ものを　1・2・3・4から

　　ひとつ　えらんで　ください。

16 もうすぐ

1　バスは　もうすぐ　来ると　おもいます。

2　電車は　もうすぐ　来ないでしょう。

3　タクシーは　もうすぐ　来ました。

4　友だちは　もうすぐ　来ませんでした。

17 なる

1　となりの　いえの　いぬが　なって　います。

2　とけいが　大きな　おとで　なりました。

3　あかちゃんが　大きな　こえで　なって　います。

4　こうじの　おとが　なって　いて　うるさいです。

18 ふかい

1　この　川は　ふかいので、およぐのは　きけんです。

2　この　にもつは　ふかいし、おもいので、もてません。

3　わたしの　こえは　ふかいので、この　うたは　うたえません。

4　この　コーヒーは　ふかいので、あまり　おいしくないです。

19 せわ

1 日本語を　べんきょうして　日本人と　<u>せわ</u>を　したいです。

2 わたしは　へやの　<u>せわ</u>を　するのが　きらいです。

3 友だちに　しゅくだいの　<u>せわ</u>を　して　もらいました。

4 小さい　子どもの　<u>せわ</u>を　するのは　たいへんです。

20 じょうぶ

1 こんどの　テストは　<u>じょうぶ</u>なので、よく　べんきょうして　ください。

2 かれの　いけんは　<u>じょうぶ</u>なので、だれも　はんたいできません。

3 あの　人は　こころが　<u>じょうぶ</u>で、いつも　あかるいです。

4 車の　まどは　<u>じょうぶ</u>な　ガラスを　つかって　いるので　われにくいです。

著者
三好裕子　早稲田大学日本語教育研究センター准教授
本田ゆかり　東京外国語大学大学院特別研究員
　　　　　　Associate in Research, Edwin O Reischauer Institute of Japanese Studies
　　　　　　Visiting Scholar and Instructor, Showa Boston Institute
伊能裕晃　東京学芸大学留学生センター特任准教授
来栖里美　TUKUBA HERITAGE JAPANESE SCHOOL 校長
前坊香菜子　NPO法人日本語教育研究所研究員
　　　　　　高崎経済大学、聖学院大学、文教大学、武蔵野大学非常勤講師

翻訳
英語　スリーエーネットワーク
ベトナム語　ベトナムトレーディング株式会社

イラスト
河原ちょっと

装丁・本文デザイン
糟谷一穂

新完全マスター語彙　日本語能力試験N4

2020年8月13日　初版第1刷発行
2024年5月30日　第 5 刷 発 行

著　者　三好裕子　本田ゆかり　伊能裕晃　来栖里美
　　　　前坊香菜子
発行者　藤嵜政子
発　行　株式会社スリーエーネットワーク
　　　　〒102-0083　東京都千代田区麹町3丁目4番
　　　　　　　　　　トラスティ麹町ビル2F
　　　　電話　営業　03（5275）2722
　　　　　　　編集　03（5275）2725
　　　　https://www.3anet.co.jp/
印　刷　萩原印刷株式会社

ISBN978-4-88319-848-1　C0081

新完全マスター 語彙
日本語能力試験

語彙
N4

別冊

かい　とう
解　答

スリーエーネットワーク

実力養成編　第1部　基本のことばを覚えよう

1課　人と人①
P.2〜P.3

かくにん

1 (1) 熱　　(2) のど　　(3) 寂しい　　(4) 手伝い　　(5) くれ　　(6) 若い　　(7) 心配

(8) 髪、もらい　　(9) 夫／主人

2 a. 紹介　　b. 夫／主人　　c. 主人／夫　　d. 妻　　e. 若い　　f. 僕

じっせん

1 (1) b　　(2) c

2 (1) d　　(2) c

2課　趣味①
P.4〜P.5

かくにん

1 (1) 日記　　(2) 美術館　　(3) 趣味、集める　　(4) コンサート　　(5) 一度　　(6) ダンス

(7) スキー　　(8) (お) 花見、ぜひ　　(9) マンガ

2 (1) しゅみ　　(2) ビデオ

3 (1) スキー　　(2) ダンス　　(3) マンガ　　(4) 美術館

じっせん

1 (1) a　　(2) b

2 (1) d　　(2) c

3課　趣味②
P.6〜P.7

かくにん

1 (1) 予約　　(2) もうすぐ、準備　　(3) 空港　　(4) 世界　　(5) 止め　　(6) 急行

(7) 交通　　(8) 泊まり　　(9) 神社

2 a. 船　　b. 空港　　c. 交通　　d. 乗り換え　　e. 残念　　f. 案内　　g. 泊まり

じっせん

1 (1) a　　(2) c

2 (1) a　　(2) d

かくにん

1 (1) 引っ越し、住所　　(2) つけて、スイッチ　　(3) 棚　　(4) そろそろ　　(5) 捨て

　　(6) 消し　　(7) 布団　　(8) 故障、修理　　(9) パソコン

2 (1) を、すてます　　(2) を、つけました　　(3) を、けしました

　　(4) に、ひっこし　　(5) が、こしょう、を、しゅうり

じっせん

1 (1) d　　(2) b

2 (1) c　　(2) d

かくにん

1 (1) カード、払い　　(2) (お)土産　　(3) お釣り　　(4) サービス

　　(5) 売り場、エスカレーター　　(6) 触る　　(7) 下ろして　　(8) 押す

2 (1) サービス　　(2) カード

3 a. 売り場　　b. エスカレーター　　c. サイズ　　d. 細かい　　e. 払って　　f. お釣り

じっせん

1 (1) a　　(2) d　　(3) b

2 (1) b　　(2) c

かくにん

1 (1) 試験　　(2) 研究、レポート　　(3) 字　　(4) 意味、調べ　　(5) 留学生

　　(6) 全然、だいたい　　(7) 考えて、答え　　(8) ホームステイ、高校

2 (1) レポート　　(2) ホームステイ

3 (1) じ　　(2) けし　　(3) しらべ　　(4) こたえ、かんがえ　　(5) せつめい

じっせん

1 (1) d　　(2) b

2 (1) b　　(2) d

7課　仕事①

P.14〜P.15

かくにん

1 (1) スーツ　　(2) 受付　　(3) アルバイト　　(4) 送り　　(5) 経済

(6) 昼休み、会議室／事務所、会議、社長／部長、部長／社長　　(7) 簡単、大変

2 a. コンピューター　　b. 受付　　c. 事務所　　d. 大変　　e. 会議室　　f. 会議

g. スーツ　　h. 社長／部長　　i. 部長／社長

じっせん

1 (1) a　　(2) d

2 (1) c　　(2) a

8課　町①

P.16〜P.17

かくにん

1 (1) 駐車場　　(2) 歯医者　　(3) 季節　　(4) 渡る、県　　(5) 田舎、不便　　(6) 建物

(7) 交差点、曲がる　　(8) (お)寺　　(9) (お)正月

2 a. 交差点　　b. 曲がって　　c. 駐車場　　d. 角　　e. 渡る　　f. (お)寺

じっせん

1 (1) c　　(2) b

2 (1) d　　(2) b

まとめの問題1（1課〜8課）

P.18〜P.19

1. ①2　　②2　　③1　　④4　　⑤1　　⑥3　　⑦3

2. ①2　　②4

3. ①1　　②4　　③3

9課　人と人②

P.20〜P.21

かくにん

1 (1) ペット　　(2) 普通　　(3) 力　　(4) 将来　　(5) 決め　　(6) うそ　　(7) すごい

(8) 偉い　　(9) 夢

2 (1) しょうらい　　(2) ペット

3 (1) 夫　　(2) 息子　　(3) 娘　　(4) 妻　　(5) 妹

じっせん

1 (1) c (2) d

2 (1) b (2) a

10課 趣味③ P.22〜P.23

かくにん

1 (1) ドラマ (2) 小説 (3) 練習 (4) 踊り (5) 勝ち (6) 運動 (7) 番組
(8) 負けて (9) けが

2 (1) ゲーム (2) 展覧会 (3) 踊り (4) 投げた、けが

じっせん

1 (1) d (2) d

2 (1) a (2) d

11課 趣味④ P.24〜P.25

かくにん

1 (1) 約束 (2) 戻って (3) 星、見え (4) エンジン (5) 気分 (6) 聞こえ
(7) 場所 (8) 予定 (9) 動物園

2 a. 動物園 b. 予定 c. 約束 d. 場所 e. 迎え

じっせん

1 (1) c (2) a

2 (1) b (2) c

12課 生活② P.26〜P.27

かくにん

1 (1) ごちそう (2) 食事 (3) 味 (4) たいてい (5) 片付け (6) かみ
(7) お湯 (8) なかなか (9) 冷やした

2 (1) c (2) e (3) b (4) a (5) d

3 (1) あじ、します (2) きません (3) たいてい

じっせん

1 (1) c (2) d

2 (1) d (2) c

かくにん

1 (1) ついて　(2) 道具　(3) 引いて　(4) 消えて　(5) 十分　(6) 生活

(7) クリーニング　(8) 植えた　(9) 気をつけて

2 (1) 下着　(2) はいて　(3) ジャケット　(4) して

じっせん

1 (1) d　(2) c

2 (1) c　(2) a

かくにん

1 (1) 飾り　(2) かけて　(3) 変え　(4) 割れて　(5) 枝、折れて　(6) 人形

(7) 壊れて　(8) 落として　(9) 引き出し

2 (1) ガラス　(2) 隅　(3) 壊れて、折れて　(4) 真ん中　(5) 引き出し

じっせん

1 (1) b　(2) c

2 (1) d　(2) a

かくにん

1 (1) 開いて　(2) 品物　(3) メモ　(4) 選んだ　(5) 閉まって　(6) 財布

(7) むだ　(8) 値段、売れて　(9) 見つけて

2 a. 選ぶ　b. メモ　c. 値段　d. 品物

3 (1) しまって　(2) あけて　(3) うれました

じっせん

1 (1) d　(2) c

2 (1) a　(2) d

16課　学校②

かくにん

1 (1) 間に合い　(2) 連絡　(3) 席　(4) 通って　(5) 遅れ　(6) まじめ　(7) 講義
(8) 出席、返事　(9) 失敗、受け

2 (1) 出席　(2) 席、席　(3) 出し　(4) 遅れ　(5) 復習　(6) まじめ

じっせん

1 (1) c　(2) a

2 (1) c　(2) b

17課　学校③

かくにん

1 (1) 規則　(2) 直して　(3) 並べて　(4) 注意　(5) ずっと　(6) やめて
(7) 無理　(8) 間違え　(9) 思い出し

2 (1) 廊下　(2) 注意　(3) 間違える　(4) 音　(5) 守ろ　(6) やめ

じっせん

1 (1) a　(2) b

2 (1) b　(2) c

18課　町②

かくにん

1 (1) 建て　(2) 教会　(3) 景色　(4) 晴れて、はっきり　(5) 形　(6) 南
(7) 曇って　(8) やみ　(9) 続いて

2 (1) 曇って　(2) 続く　(3) やむ　(4) 晴れる　(5) 月

じっせん

1 (1) b　(2) c

2 (1) d　(2) b

まとめの問題2（9課〜18課）

1．　□1 3　　□2 3　　□3 1　　□4 3　　□5 4　　□6 1　　□7 2

2．　□1 3　　□2 2

3. $\boxed{1}$ 2　　$\boxed{2}$ 1　　$\boxed{3}$ 4

19課　人と人③　P.42～P.43

かくにん

$\boxed{1}$　(1) お宅　(2) 育てて　(3) お祝い　(4) 赤ちゃん　(5) 安心　(6) 親切な

　(7) びっくりして　(8) 褒めて　(9) 気持ち

$\boxed{2}$　(1) 祖父　(2) 祖母　(3) おじ　(4) おば　(5) おじ　(6) お子さん

じっせん

$\boxed{1}$　(1) d　(2) c

$\boxed{2}$　(1) d　(2) b

20課　趣味⑤　P.44～P.45

かくにん

$\boxed{1}$　(1) 天気予報　(2) ラッシュ　(3) 旅館、美しい　(4) 会場、必要　(5) ハイキング

　(6) 通って　(7) 出発　(8) 特別な

$\boxed{2}$　a. しま　b. くうこう　c. りょかん　d. かいがん　e. さんぽ　f. みなと

　g. とくべつな

じっせん

$\boxed{1}$　(1) d　(2) a

$\boxed{2}$　(1) a　(2) b

21課　生活⑤　P.46～P.47

かくにん

$\boxed{1}$　(1) 磨く、習慣　(2) つけて　(3) 慣れて　(4) 冷房　(5) タオル　(6) 困って

　(7) カーテン　(8) 表／裏、裏／表　(9) 暖房

$\boxed{2}$　(1) くつした　(2) します　(3) さします　(4) みがきます

$\boxed{3}$　a. カーテン　b. 鏡　c. タオル

じっせん

$\boxed{1}$　(1) c　(2) b

$\boxed{2}$　(1) b　(2) a

22課　生活⑥

かくにん

1 (1) 太って　(2) やせて　(3) 合わ　(4) 水道　(5) (お)米　(6) 温度、上げ

　(7) 焼けて　(8) チーズ　(9) やわらかくて

2 (1) にがい　(2) あまい　(3) からい

3 (1) ソース　(2) デート　(3) チーズ

じっせん

1 (1) b　(2) a

2 (1) c　(2) d

23課　生活⑦

かくにん

1 (1) 事故　(2) このごろ　(3) 逃げ　(4) 倒れて　(5) 起こり　(6) 見つかり

　(7) けんか　(8) 踏まれ　(9) 悲しい

2 (1) 台風　(2) 火事　(3) 地震　(4) 泥棒　(5) けんか　(6) 警察

じっせん

1 (1) a　(2) d

2 (1) d　(2) c

24課　買い物③

かくにん

1 (1) 近所　(2) 指輪　(3) 店員　(4) うれしい　(5) 運び　(6) (お)客／お客さん

　(7) 大勢　(8) 傷　(9) 輸出

2 a. (お)客／お客さん　b. レジ　c. レシート　d. 開き

じっせん

1 (1) c　(2) a

2 (1) c　(2) c

かくにん

1 (1) 歴史　(2) 水泳　(3) しかられ　(4) できるだけ　(5) 文法　(6) 参加

(7) 詳しい　(8) 正しい、確かめて　(9) がっかり

2 a. 小学校　b. 中学校／中学　c. 高校

じっせん

1 (1) a　(2) a

2 (1) b　(2) d

かくにん

1 (1) 工場　(2) 伝え　(3) ボランティア　(4) 数えた　(5) 途中　(6) 行って

(7) 頼み　(8) 経験　(9) 相談

2 a. 工場　b. 始める　c. 終わり　d. 数えて　e. 途中

3 (1) ようじ　(2) やる　(3) つたえて　(4) たのまれ

じっせん

1 (1) d　(2) a

2 (1) b　(2) d

かくにん

1 (1) 昔　(2) はる　(3) 壁　(4) 葉　(5) 屋上　(6) 茶色い　(7) 様子、変わって

(8) 工事　(9) 最近

2 (1) 咲いて　(2) ポスター、はって　(3) 工事　(4) 屋上　(5) 地下

じっせん

1 (1) d　(2) a

2 (1) d　(2) a

1. 　1 4　　2 3　　3 4　　4 2　　5 3　　6 2　　7 1

2. ①2　②2
3. ①3　②1　③2

28課　人と人④

かくにん

1 (1)世話　(2)いらっしゃい　(3)渡し　(4)賛成　(5)反対　(6)優しい

(7)信じる　(8)別れて　(9)あいさつ

2 (1)部長　(2)さようなら　(3)手紙、荷物　(4)食事、パーティー　(5)しました

じっせん

1 (1)c　(2)d　(3)b　(4)c

2 (1)d　(2)c

29課　趣味⑥

かくにん

1 (1)折って　(2)集まって　(3)滑り　(4)楽しんで　(5)空気　(6)自然

(7)ガソリン　(8)興味　(9)珍しい

2 (1)ガソリン　(2)折る　(3)マラソン　(4)キャンプ　(5)滑る　(6)ひも

じっせん

1 (1)b　(2)d　(3)b

2 (1)c　(2)d

30課　生活⑧

かくにん

1 (1)並んで　(2)おもちゃ　(3)なくなり　(4)自由　(5)嫌　(6)留守

(7)邪魔　(8)届けて　(9)過ぎて

2 (1)おもちゃ、壊して　(2)並んで　(3)乾いて、ぬれて

じっせん

1 (1)c　(2)a　(3)d　(4)c

2 (1)c　(2)b

かくにん

1 (1)量　(2)濃い　(3)おかず　(4)半分、倍　(5)沸かして　(6)数　(7)火

(8)におい　(9)焼き

2 (1)沸かす　(2)焼く　(3)包む　(4)厚い　(5)薄い　(6)薄い　(7)濃い

じっせん

1 (1)b　(2)d

2 (1)a　(2)c

かくにん

1 (1)点　(2)教育　(3)落ちて　(4)緊張　(5)以上、合格　(6)中止　(7)発音

(8)入学、卒業　(9)なぜ

2 (1)ぶんがく　(2)かがく　(3)そつぎょう　(4)にゅうがく　(5)いじょう

(6)いか

じっせん

1 (1)b　(2)a　(3)d

2 (1)d　(2)c

かくにん

1 (1)泣く、眠い　(2)おかしい　(3)丈夫　(4)太く　(5)具合　(6)笑われて

(7)やっと　(8)怖かった　(9)急に

2 (1)細い　(2)太い　(3)眠い　(4)怖い

3 (1)けが、母　(2)体、傘　(3)入院した　(4)はし、傘

じっせん

1 (1)c　(2)d

2 (1)b　(2)c

34課　社会

(かくにん)

1　(1) 使用　　(2) 文化　　(3) 安全　　(4) 利用　　(5) 増えて　　(6) 社会　　(7) 下がり
　　(8) 戦争　　(9) 法律

2　(1) 値段、温度、熱、テストの点　　(2) 量、数、人口

3　(1) A　　(2) B　　(3) B　　(4) B　　(5) A

(じっせん)

1　(1) b　　(2) d

2　(1) b　　(2) c

35課　時間

(かくにん)

1　(1) たまに、日　　(2) まず　　(3) 時代　　(4) さっき　　(5) 今度　　(6) この間
　　(7) 機会　　(8) すぐ　　(9) これから

2　a. 機会　　b. この間　　c. 日　　d. すぐ　　e. これから　　f. たまに　　g. 今度

(じっせん)

1　(1) b　　(2) a

2　(1) c　　(2) d

まとめの問題4(28課〜35課)

1.　1 4　　2 4　　3 1　　4 3　　5 2　　6 2　　7 1

2.　1 2　　2 4

3.　1 2　　2 3　　3 4

36課　人と人⑤

(かくにん)

1　(1) うまい　　(2) おとなしい　　(3) いじめられて　　(4) グループ　　(5) 似て　　(6) 心
　　(7) 女性　　(8) お嬢さん　　(9) タイプ

2　a. お嬢さん　　b. メンバー　　c. お金持ち　　d. 家庭　　e. 立派な

1 (1) d   (2) b   (3) d

2 (1) a   (2) a

37課　人と人⑥　　　　　　　　　　　　　　P.82〜P.83

かくにん

1 (1) おじぎ   (2) 驚き   (3) 知らせ   (4) 丁寧   (5) 別   (6) 訪ね

(7) コミュニケーション、関係   (8) 遠慮   (9) 謝り

2 ① 知らせて   ② 驚き   ③ 差し上げ   ④ お礼

じっせん

1 (1) b   (2) c

2 (1) c   (2) a

38課　趣味⑦　　　　　　　　　　　　　　　P.84〜P.85

かくにん

1 (1) チーム   (2) ルール   (3) スーツケース   (4) アルバム   (5) 打って   (6) ジム

(7) スクリーン   (8) 見物   (9) 喜んで

2 (1) スクリーン   (2) ジム

3 (1) 写し   (2) 競争   (3) 喜び

じっせん

1 (1) c   (2) a

2 (1) a   (2) d

39課　趣味⑧　　　　　　　　　　　　　　　P.86〜P.87

かくにん

1 (1) オートバイ、ボート   (2) 理由   (3) ストップ   (4) 運転手   (5) 乗り物

(6) 寄って   (7) 坂   (8) 空いて   (9) スピード

2 a. 坂   b. 遠く   c. トンネル   d. ボート   e. 運転手

じっせん

1 (1) b   (2) a

2 (1) d   (2) b

（かくにん）

1 (1) 似合って　　(2) 床屋　　(3) ロッカー　　(4) オープン　　(5) ベルト　　(6) かまい

(7) 塗り　　(8) 変な　　(9) マナー

2 (1) ファッション　　(2) オープン

3 (1) アクセサリー　　(2) 似合い　　(3) 格好

（じっせん）

1 (1) c　　(2) c

2 (1) d　　(2) d

（かくにん）

1 (1) 沸いて　　(2) クーラー　　(3) 燃やして　　(4) 分けて　　(5) 冷えて　　(6) ソファー

(7) ストーブ　　(8) プラスチック　　(9) 暮らし　　(10) 臭く

2 a. クーラー　　b. ライト　　c. リモコン　　d. ソファー　　e. ストーブ　　f. バケツ

（じっせん）

1 (1) d　　(2) b　　(3) d

2 (1) b　　(2) c

（かくにん）

1 (1) 配って　　(2) 鳴った　　(3) 最初　　(4) 起こして　　(5) 盗まれた　　(6) 祈り

(7) 用意　　(8) 下り　　(9) 両方　　(10) 最後

2 b、c、e

（じっせん）

1 (1) a　　(2) b　　(3) b　　(4) a

2 (1) b　　(2) c

かくにん

1 (1)大事　(2)決まり　(3)以内　(4)ちっとも　(5)専門　(6)テキスト

(7)以外　(8)割合　(9)比べて

2 a.先輩　b.専門　c.仕方　d.レベル　e.テキスト

じっせん

1 (1)c　(2)b

2 (1)b　(2)b

かくにん

1 (1)生産　(2)国際　(3)産業、盛ん　(4)技術　(5)勤め　(6)パートタイム

(7)進んで　(8)済んだ　(9)計画

2 (1)貿易　(2)楽　(3)済んだ

じっせん

1 (1)a　(2)c　(3)a

2 (1)d　(2)b

かくにん

1 a.毛　b.爪　c.指　d.腕　e.首　f.背中

2 (1)マスク　(2)ひげ　(3)注射　(4)背中　(5)血　(6)毛

じっせん

1 (1)a　(2)b

2 (1)c　(2)a

かくにん

1 a.雲　b.森　c.虫　d.草　e.砂　f.石

2 (1)光って　(2)揺れて　(3)吹いて　(4)浅い、深い

（じっせん）

1 (1) d　　(2) c　　(3) b

2 (1) b　　(2) d

まとめの問題5（36課～46課）　　　　　　　　　P.102～P.103

1. 1 4　　2 2　　3 3　　4 2　　5 1　　6 4　　7 3

2. 1 2　　2 2

3. 1 3　　2 1　　3 4

実力養成編　第2部　難しいことばにチャレンジしよう

47課　敬語　　　　　　　　　　　　　　　　　P.108～P.109

（かくにん）

1 (1) ご覧になります　　(2) ご存じです　　(3) なさいます　　(4) おっしゃいます
(5) 召し上がります　　(6) おいでになります／いらっしゃいます　　(7) 拝見しました
(8) 申し上げます　　(9) 参ります　　(10) おります　　(11) いたします

2 a. 申し　　b. おり　　c. いたし　　d. おいでになる／いらっしゃる　　e. 参り
f. 召し上がり　　g. ご覧になり　　h. なさる　　i. ご存じ　　j. おり　　k. 拝見して
l. 申し上げた　　m. おっしゃって

（じっせん）

1 (1) c　　(2) b

2 (1) c　　(2) b

48課　副詞①　　　　　　　　　　　　　　　　P.110～P.111

（かくにん）

1 (1) すっかり　　(2) とうとう　　(3) なるべく　　(4) それほど　　(5) やはり／やっぱり
(6) けっして　　(7) だいぶ　　(8) 非常に

2 a. それほど　　b. だいぶ　　c. なるべく　　d. けっして　　e. とうとう
f. すっかり　　g. やはり　　h. 非常に

（じっせん）

1 (1) a　　(2) c

49課　副詞②　　　　　　　　　　　　　　　　P.112〜P.113

（かくにん）

1 (1) そんなに　　(2) 特に　　(3) ちゃんと　　(4) ずいぶん　　(5) もちろん　　(6) きっと
(7) かなり　　(8) けっこう

2 a. そんなに　　b. かなり　　c. とくに　　d. ずいぶん　　e. もちろん　　f. けっこう
g. きっと

（じっせん）

1 (1) d　　(2) a　　(3) d

2 (1) b　　(2) c

50課　N3へのステップ　　　　　　　　　　　　　P.114〜P.115

（かくにん）

1 (1) うつら　　(2) 動かして　　(3) 適当な　　(4) チェック　　(5) 不思議　　(6) 足して
(7) テーマ　　(8) または　　(9) アイデア

2 (1) 助け　　(2) 動かす　　(3) 足し　　(4) 結び　　(5) 割る　　(6) うつり

3 (1) ガラス、コップ、鏡、瓶　　(2) 死にそうな犬、病気の人

（じっせん）

1 (1) c　　(2) b

2 (1) b　　(2) c

まとめの問題6（47課〜50課）　　　　　　　　　　　　P.116

1. ☐1 2　　☐2 1　　☐3 1　　☐4 2

2. ☐1 3　　☐2 4

模擬試験　　　　　　　　　　　　　　　　　　P.120〜P.123

1. ☐1 3　　☐2 2　　☐3 4　　☐4 4　　☐5 4　　☐6 2　　☐7 1　　☐8 1　　☐9 3
☐10 3

2. ☐11 3　　☐12 3　　☐13 4　　☐14 2　　☐15 3

3. ☐16 1　　☐17 2　　☐18 1　　☐19 4　　☐20 4